博鳌亚洲论坛

可持续发展的亚洲与世界 2022年度报告

——绿色转型亚洲在行动

对外经济贸易大学出版社
中国·北京

图书在版编目（CIP）数据

博鳌亚洲论坛可持续发展的亚洲与世界 2022 年度报告：绿色转型亚洲在行动. —北京：对外经济贸易大学出版社，2022.3

ISBN 978-7-5663-2387-3

Ⅰ. ①博… Ⅱ. Ⅲ. ①经济发展–研究报告–亚洲–2022②绿色经济–经济发展–研究报告–亚洲–2022 Ⅳ. ①F130.4

中国版本图书馆 CIP 数据核字（2022）第 051562 号

博鳌亚洲论坛可持续发展的亚洲与世界 2022 年度报告——绿色转型亚洲在行动

责任编辑：高　卓

出版发行：对外经济贸易大学出版社
社　　址：北京市朝阳区惠新东街 10 号
网　　址：www.uibep.com
资源网址：www.uibepresources.com
邮政编码：100029
邮购电话：010－64492338
发行部电话：010－64492342
E-mail：uibep@126.com

成品尺寸：215mm×278mm
印　　张：6.25
字　　数：160 千字
ISBN 978-7-5663-2387-3
印　　刷：北京鑫益晖印刷有限公司
版　　次：2022 年 3 月北京第 1 版
印　　次：2022 年 3 月第 1 次印刷
定　　价：200.00 元

目录 Contents

表目录
List of Tables

图目录

List of Figures

序　言

2021 年，世界各国在加强新冠肺炎疫情防控、促进经济复苏的同时，在应对气候变化、保护生态环境方面也达成重要共识。第 26 届联合国气候变化大会（COP26）、第 15 届联合国《生物多样性公约》缔约方大会（COP15）分别在英国格拉斯哥和中国昆明举行，在实现碳中和、保护生物多样性等重大问题上取得阶段性成果。但是，后疫情时代，为实现联合国 2030 可持续发展目标，为按照《巴黎协定》将全球平均气温升幅控制在 2℃以内，并努力限制在 1.5℃以内，世界各国需要更积极地行动，务实合作，确保经济社会稳健发展，加速推进绿色低碳转型。

亚洲在全球碳中和的进程中扮演着重要角色，已积极采取行动。亚洲以购买力平价衡量的国内生产总值接近世界一半，碳排放总量略超世界总量的一半，亚洲对全球经济实现稳步增长、绿色复苏和公正转型意义重大。2021 年，亚洲各国政府为实现碳中和在积极行动。印度、沙特阿拉伯和印度尼西亚等更多的亚洲国家做出碳中和承诺，实施绿色复苏政策，增强应对气候变化韧性，促进经济社会向绿色低碳转型。亚洲企业也在加快行动。加强太阳能、风能和氢能等新能源的开发和利用，创新发展碳捕获、储能技术，加大绿色投融资，致力于减少全产业链“碳足迹”并加大信息披露力度，积极支持全球气候倡议。

全球与区域合作是亚洲行动的重要加速器。亚洲国家，特别是新兴市场和亚洲发展中国家，在发展中促进绿色转型、在转型中实现更大发展的任务艰巨。亚洲要加快行动，首先需要和平安全的国际环境。俄乌冲突对全球能源和金融市场的冲击，已对各国的能源安全、能源转型和市场资源带来巨大影响。其次，需要发达国家对发展中国家的气候援助资金加快补齐落地，支持发展中国家提高抗风险能力和降碳能力。再次，面对二十国集团和亚太经济合作组织成员停止煤电海外融资的政策决定，需要在节能减排、低碳、零碳以及负碳等绿色技术上得到更多的技术支持与资金投入。最后，需要全球性和区域性开发机构帮助撬动更多长期资金，设计创新的风险分担机制，共商共建正外部性的非收益的公共项目。

在世界疫情延宕、百年变局加速演进的大背景下，博鳌亚洲论坛将努力促进亚洲与世界对话，弥合分歧，推动全球发展合作。我们很高兴能与全球绿色增长研究所（GGGI）、新开发银行（NDB）、德勤中国一起精诚合作，推出“可持续发展的亚洲与世界”系列旗舰报告的第二期——《博鳌亚洲论坛可持续发展的亚洲与世界 2022 年度报告——绿色转型亚洲在行动》。本报告通过多层面、多维度的分析和代表性案例，展现了亚洲国家实现碳中和的决心与行动，并提出了相关政策建议。希望本报告能为全球广泛关注的气候变化应对和绿色低碳转型问题增添新视角，带来新思考。

博鳌亚洲论坛秘书长 李保东

致　谢

《博鳌亚洲论坛可持续发展的亚洲与世界 2022 年度报告——绿色转型亚洲在行动》由博鳌亚洲论坛研究院（BFA Academy）、全球绿色增长研究所（GGGI）、新开发银行（NDB）和德勤中国（Deloitte China）联合编写。四家机构在各自领域的专业特长和相互间的协同合作是本报告顺利完成的重要基础。

我们由衷地感谢博鳌亚洲论坛秘书长李保东先生一直以来为本项目提供的宝贵指导和支持。我们杰出的评审专家为本报告提出的独到建议，使写作团队受益匪浅。评审专家团队由 3 名内部专家——博鳌亚洲论坛咨询委员会成员、联合国前副秘书长 Shamshad Akhtar 博士、全球绿色增长研究所主任 Frank Rijsberman 博士和新开发银行副行长 Leslie Maasdorp 先生，以及 2 名外部专家——亚洲基础设施投资银行首席经济学家 Erik Berglof 博士和中国金融学会绿色金融专业委员会主任马骏博士组成。

本报告凝聚了写作团队所有成员的专业知识、辛勤汗水、强大的责任感和团队协作精神。在 Frank Rijsberman 博士的带领下，由 Mahamadou Tounkara、Ingvild Solvang、Diana Qezada、Nishant Bhardwaj、Chang Sun Jang、Marian Mraz 和 Lasse Ringius 组成的全球绿色增长研究所团队负责撰写本报告第 1 章（与博鳌亚洲论坛研究院合作）和第 4 章。博鳌亚洲论坛研究院副院长曹莉女士和研究员刘琰博士共同起草了第 1 章（与全球绿色增长研究所团队共同完成）和第 2 章。由 Tatiana Rosito、徐兵博士、Shreyans Bhaskar、Maria Netto-Schneider、Saurabh Ghugre、姜曼、Roman Novozhilov、Naval Chaudhary 和罗杨组成的新开发银行团队负责第 3 章的撰写工作，全球绿色增长研究所的 Lasse Ringius 和 Marian Mraz 也做出了重要贡献。德勤中国的屈倩如、邓敏讷和 Will Miller 团队撰写了第 5 章。所有作者都克服了工作、生活方方面面的挑战，倾心为读者贡献了这本极具重要性和创新性的报告。

我们还要感谢对外经济贸易大学出版社的编辑团队，感谢翻译胡美艳女士以及博鳌亚洲论坛研究院研究助理薛晨女士、谢智愚先生和周伊凡先生。

免责声明：

本报告所有观点均代表作者本人，不代表其所在机构。

第 1 章

亚洲国家的碳中和承诺

1.1 碳中和承诺综述

2021 年，新冠肺炎疫情蔓延不断，极端气候事件频繁发生，绿色和智慧复苏成为所有国家的紧迫任务。为应对气候挑战，许多亚洲国家已迅速采取行动，并承诺绿色转型。在 2021 年 11 月格拉斯哥举行的第 26 届联合国气候变化大会（COP26）上，很多亚洲国家做出碳中和承诺，并提交或更新其国家自主贡献（NDC）目标。所有参加 COP26 的亚洲国家都签署了《格拉斯哥气候公约》，承诺将加强努力，提升应对气候变化的能力，减少温室气体的排放，包括逐步减少煤电使用及对化石燃料的低效补贴。包括日本、韩国、沙特阿拉伯和印度尼西亚在内的 17 个亚洲国家在 COP26 上签署了《全球甲烷承诺》。

碳中和是二氧化碳（CO_2）净排放量为零的状态。这可以通过减少和抵消二氧化碳排放来实现。《巴黎协定》规定，所有签署方在 21 世纪下半叶实现碳中和，将全球平均气温的上升幅度控制在工业化前水平（2℃）以内，并争取将上升幅度限制在 1.5℃。联合国政府间气候变化专门委员会（IPCC）2018 年发布的报告指出，设定 2050 年完全抵消人类活动产生的温室气体排放量，即“2050 碳中和”目标，与将全球气温上升控制在 1.5℃内的总体目标相一致[1]。

碳中和已经成为一个被广泛接受的全球目标。NetZero Tracker 数据显示，截至 2021 年 12 月底，全球已有 136 个国家、115 个地区、235 个主要城市和 2,000 家顶尖企业中的 682 家制定了碳中和目标[2]。而碳中和目标已覆盖了全球 88% 的温室气体排放、90% 的世界经济体量和 85% 的世界人口[3]。

2021 年，印度尼西亚、沙特阿拉伯和印度做出了碳中和的承诺。截至 2021 年底，在 47 个亚洲国家中[4]，有 25 个国家做出了碳中和承诺（见表 1–1），有的是做出政治承诺（其中许多是在 COP26 或之前做出的），

1 见专栏 1–1。

2 https://zerotracker.net/，2021 年 12 月 21 日数据。

3 https://zerotracker.net/，2021 年 12 月 21 日数据。

4 根据博鳌亚洲论坛，亚洲国家包括：文莱、柬埔寨、中国、印度尼西亚、日本、朝鲜、韩国、老挝、马来西亚、蒙古国、缅甸、菲律宾、新加坡、泰国、东帝汶、越南（以上为东亚国家）；阿富汗、孟加拉国、不丹、印度、马尔代夫、尼泊尔、巴基斯坦、斯里兰卡（以上为南亚国家）；亚美尼亚、阿塞拜疆、格鲁吉亚、哈萨克斯坦、吉尔吉斯斯坦、塔吉克斯坦、土库曼斯坦、乌兹别克斯坦（以上为中亚国家）；巴林、伊朗、伊拉克、以色列、约旦、科威特、黎巴嫩、阿曼、巴勒斯坦、卡塔尔、沙特阿拉伯、叙利亚、土耳其、阿联酋、也门（以上为西亚和中东国家）。这一分类与之前的博鳌亚洲论坛报告一致。

有的制定了政策文件（在大多数情况下是提交给《联合国气候变化框架公约》（UNFCCC）的国家自主贡献文件或长期战略文件（LTS），还有少数国家专门颁布了法律）。

表 1–1　亚洲的碳中和目标和国家自主贡献 2030 目标概览

国家	碳中和目标	目标依据	国家自主贡献提交时间	国家自主贡献 2030 目标
阿富汗	2050 年	讨论中	2015 年初次提交	比基线情景降低 13.6%
亚美尼亚	2050 年	讨论中	2017 年初次提交，2021 年更新	比 1990 年排放水平降低 40%
阿塞拜疆			2017 年初次提交	比 1990 年排放水平降低 35%
巴林	2060 年	政治承诺	2016 年初次提交，2021 年更新	2025 年减少 6% 的能源消耗；到 2025 年国家可再生能源目标为峰值容量的 5%，到 2035 年为 10%
孟加拉国	2030 年	讨论中	2016 年初次提交，2020 年与 2021 年更新	与 2011 年排放水平相比，无条件减排 5% 和额外的有条件减排 10%
不丹	保持碳中和	政策文件	2017 年初次提交	净碳汇
文莱	2050 年	政治承诺	2020 年初次提交	比基线情景降低 20%
柬埔寨	2050 年	政策文件	2017 年初次提交，2020 年更新	比基线情景降低 41.7%
中国	2060 年	政策文件	2016 年初次提交，2021 年更新	2030 年实现碳达峰；与 2005 年排放量相比降低排放强度 65%
格鲁吉亚			2017 年初次提交，2021 年更新	与 1990 年水平相比，在无条件下目标降低 35% 碳排放
印度	2070 年	政治承诺	2016 年初次提交	排放水平降低 45%（尚未提交），高于 2016 年承诺的 33%～35%
印度尼西亚	2060 年	政策文件	2016 年初次提交，2021 年更新	比基线情景降低 29%～41%
以色列	2050 年	政治承诺	2016 年初次提交，2021 年更新	比 2015 年排放水平降低 27%
日本	2050 年	立法（2021 年 6 月）	2016 年初次提交，2021 年更新	比 2013 年排放水平降低 46%～50%
约旦			2016 年初次提交，2021 年更新	比基线情景降低 5%（无条件）/26%（获得国际资金支持的条件下）
哈萨克斯坦	2060 年	政治承诺	2016 年初次提交	比 1990 年排放水平降低 15%～25%

续表

国家	碳中和目标	目标依据	国家自主贡献提交时间	国家自主贡献 2030 目标
朝鲜			2016 年初次提交，2019 年更新	到 2030 年，每年比基线情景降低 16.4%，高于 2016 年国家自主贡献目标的 8%。
韩国	2050 年	立法（2021 年 8 月）	2016 年初次提交，2021 年更新	比 2018 年排放水平降低 40%
科威特			2018 年初次提交，2021 年更新	2035 年以前比基线情景降低 7.4%
吉尔吉斯斯坦	2050 年	政策文件	2020 年初次提交，2021 年更新	到 2030 年，比基线情景降低 15.97%（无条件）/43.62%（获得国际资金支持的条件下）
老挝	2050 年	政策文件	2016 年初次提交，2021 年更新	比基线情景降低 60%（无条件）
黎巴嫩	2050 年	讨论中	2020 年初次提交，2021 年更新	比基线情景降低 20%（无条件）
马来西亚	2050 年	政策文件	2016 年初次提交，2021 年更新	比 2005 年排放水平降低 45%
马尔代夫	2050 年（有条件）	政治承诺	2016 年初次提交，2020 年更新	比基线情景降低 26%（无条件）
蒙古国			2016 年初次提交，2020 年更新	比基线情景降低 22.7%（无条件）
缅甸	2050 年	讨论中	2017 年初次提交，2021 年更新	到 2030 年，减少 2.4 亿吨二氧化碳当量等量（无条件），或 4.1 亿吨二氧化碳当量等量（有条件）
尼泊尔	2045 年	政策文件	2016 年初次提交，2020 年更新	按部门设定排放目标[1]
阿曼			2019 年初次提交，2021 年更新	2030 年比基线情景降低 7%
巴基斯坦	2050 年	讨论中	2016 年初次提交，2021 年更新	比基线情景降低 50%（15%无条件+35%有条件）
菲律宾			2021 年初次提交	2020—2030 年期间比基线情景降低 75%（其中 2.71%为无条件减排）

1 https://www4.unfccc.int/sites/ndcstaging/PublishedDocuments/Nepal%20Second/Second%20Nationally%20Determined%20Contribution%20(NDC)%20-%202020.pdf.

续表

国家	碳中和目标	目标依据	国家自主贡献提交时间	国家自主贡献 2030 目标
卡塔尔	2030 年	政策文件	2017 年初次提交，2021 年更新	到 2030 年，比基线情景降低 25%
沙特阿拉伯	2060 年	政治承诺	2016 年初次提交，2021 年更新	到 2030 年，与 2019 年相比，年均减少 2.78 亿吨二氧化碳
新加坡	2060 年	政策文件	2016 年初次提交，2020 年更新	2030 年实现碳达峰，与 2005 年的水平相比，排放强度降低 36%
斯里兰卡	2050 年	政治承诺	2016 年初次提交，2021 年更新	比基线情景降低 4% ~ 10.5%
塔吉克斯坦			2017 年初次提交，2021 年更新	比 1990 年排放水平至多降低 60% ~ 70%（无条件）和 50% ~ 60%（有条件）
泰国	2065 年	政策文件	2016 年初次提交，2020 年更新	比基线情景降低 20%
土耳其	2053 年	政策文件	2021 年初次提交	比基线情景至多降低 21%
阿联酋	2050 年	政策文件	2016 年初次提交，2020 年第二版	比基线情景降低 23.5%
乌兹别克斯坦	2050 年	政策文件	2018 年初次提交，2021 年更新	在 2010 年的基础上，将排放水平降低 35%。
越南	2050 年	政治承诺	2016 年初次提交，2020 年更新	比基线情景降低 8%

在亚洲七大经济体（中国、日本、印度、韩国、印度尼西亚、沙特阿拉伯和土耳其）中，日本和韩国已经确定于 2050 年实现碳中和目标，土耳其为 2053 年，中国、印度尼西亚和沙特阿拉伯为 2060 年，印度为 2070 年。各国的 2030 年国家自主贡献目标，有些是在相对于历史水平或基线情景（即假设“照常营业（BAU）”情景）下的碳减排总量（百分比）目标，而有些则是碳排放强度目标。例如，中国和新加坡在提出 2030 年碳达峰的同时，也设定了明确的降低碳强度的目标；日本和韩国的减碳目标设定在历史水平的基础上；阿富汗、柬埔寨和印度尼西亚则是设定基线情景下的减排目标。

强化国家自主贡献承诺是实现《巴黎协定》目标的重要方式。提高“碳中和”承诺可信度的最重要步骤，是在提交给 UNFCCC 的国家自主贡献目标中，根据碳中和承诺提出更具雄心的减排目标。截至 2021 年 10 月，《巴黎协定》191 个缔约方中的 143 个已向 UNFCCC 提交了 116 个首次提交的或更新的国家自主贡献目标，涵盖了 2019 年全球总排放量的 94.1%。然而，UNFCCC 在编写的一份分析报告中评价其为“进展可见，但困难仍在”。与 2010 年相比，这些国家自主贡献目标中的排放总量预计在 2030 年仅减少 12%，而符合碳中和的要求则需减少 45%～50%。

为了缩小“雄心差距”，即实现《巴黎协定》目标所需的国家自主贡献目标与现实国家自主贡献目标之间的差距，协定缔约方被要求在一年内，即 2022 年 11 月的 COP27 之前，重新提交更具雄心的国家自主贡献目标。表 1–2 提供了中国、日本和韩国以及那些得到全球绿色增长研究所（GGGI）支持的亚洲国家做出的加强减排承诺。如果能获得及时的国际协助，会有更多亚洲国家提出更具雄心的减排目标。

表 1–2 部分亚洲国家修订后的 NDC 中气候减缓目标概要

国家	更新版/第二份国家自主贡献中的“气候减缓”目标概要
柬埔寨	在 NDC 情景下，预计到 2030 年林业与其他土地利用（FOLU）的减排量约为 6,460 万吨二氧化碳/年（总计减少 41.7%，其中 59.1%来自 FOLU）
中国	中国已经提交了《中国落实国家自主贡献成效和新目标新举措》[1]和《中国本世纪中叶长期温室气体低排放发展战略》[2]；第一份文件将力争在 2060 年实现碳中和作为其国家确定贡献的承诺之一，同时还提出了将单位国内生产总值（GDP）的二氧化碳排放量在 2005 年的基础上降低 65%以上（2015 年目标为 60%～65%），将非化石能源在一次能源消费中的比例提高到 25%左右（2015 年目标为 20%），将森林蓄积量增加 60 亿立方米（2015 年目标为 40 亿立方米），在 2005 年的基础上将 NDC 增加 60 亿立方米（2015 年目标为 45 亿立方米），到 2030 年使其风能和太阳能的总装机容量超过 12 亿千瓦，推进能源生产和消费革命以及能源消费数量和强度的双重控制也被作为落实新目标的措施提出；第二份文件总结了中国在控制温室气体排放方面的重要进展，从经济体系、能源体系、工业体系、城乡建设、交通运输体系、非二氧化碳温室气体管控、基于自然的解决方案、技术创新、全民参与、气候治理共 10 个方面提出了中国的政策取向，阐述了中国推进全球气候治理的思路和主张
印度尼西亚	印度尼西亚已经承诺在 2030 年前无条件减少 29%的温室气体排放（与基线情景相比）；由于能源政策的现有条件，特别是在燃煤电厂方面，预计 2030 年的基线情景约为 28.7 亿吨二氧化碳当量，这是对《国家发展计划》中基线情景的更新；如果能得到国际上资金、技术转让和发展以及能力建设的支持，印度尼西亚可以在 2030 年之前将其减排量提高到 41%
日本	日本制定了温室气体减排目标，其目的是在 2030 财年将其温室气体排放量在 2013 财年的基础上减少 46%，相当于将排放量减少到 7.6 亿吨二氧化碳，以达到在 2050 年实现碳中和的长期目标；日本将继续努力，尽力实现减排 50%的目标；鉴于能源部门占全国碳排放总量的 90%，其国家自主贡献目标还致力于调整能源结构，如将可再生能源的使用从 18%提高到 36%～38%，将煤炭能源的比例从 32%降低到 19%
约旦	约旦设定的目标是到 2030 年实现 31%的减排量，相当于 1,127 万吨二氧化碳当量；约旦承诺无条件地比基线情景方案减少 5%，如果有资源和执行手段，则有条件地比基线情景方案再减少 26%
韩国	尽管韩国的产业结构以制造业为主，但它设定了最有雄心的目标，即到 2050 年实现碳中和，并将 2030 年的目标从之前的比 2017 年减少 24.4%（比 2018 年减少 26.3%）提高到比 2018 年减少 40%（到 2030 年前相当于 7.276 亿吨二氧化碳当量）
老挝	国家层面的 2030 年无条件目标：与基线情景相比，温室气体排放减少 60%，或绝对值约为 62,000 千吨二氧化碳当量（KtCO2e）

1 https://www4.unfccc.int/sites/ndcstaging/PublishedDocuments/China%20First/China%E2%80%99s%20Achievements,%20New%20Goals%20and%20New%20Measures%20for%20Nationally%20Determined%20Contributions.pdf.

2 https://unfccc.int/documents/307765.

续表

国家	更新版/第二份国家自主贡献中的“气候减缓”目标概要
蒙古国	与 2010 年基线情景下的预计排放量相比，蒙古国国家自主贡献的减排目标是到 2030 年将全国温室气体总排放量减少 22.7%。此外，如果有条件的减排措施，如碳捕集与封存和废物变能源技术得到实施，那么蒙古国可以实现全国温室气体总排放量减少 27.2%；与此同时，还确定了通过森林消除温室气体排放的行动和措施，将蒙古国的总减排目标定为到 2030 年减少 44.9% 的温室气体排放
缅甸	–到 2030 年，新的可再生能源的无条件目标为 11%（2,000 兆瓦） –新的可再生能源的有条件目标：比基线情景增加 53.5%（2,000 兆瓦） –新增水电 19,567 兆瓦 –新增加农业部门的有条件目标：在每公顷树木覆盖率低于 10% 的农业用地上增加超过 275,000 公顷的树冠覆盖率 –没有针对农业的无条件目标 –林业与其他土地利用部门的无条件目标：到 2030 年减少 25% 的净排放量 –林业与其他土地利用部门的有条件目标：到 2030 年净减排 50%。 –液化石油气无条件目标：减排 1494 万吨二氧化碳当量 –农村电气化无条件目标：到 2030 年减排 15.5 万吨二氧化碳当量 –农村电气化有条件目标：到 2030 年减排 31 万吨二氧化碳当量
尼泊尔	到 2030 年，将清洁能源发电量从约 1,400 兆瓦增加到 15,000 兆瓦，其中，5%～10% 将来自小型和微型水力发电、太阳能、风能和生物能源，5,000 兆瓦是一个无条件的目标，其余的则取决于国际社会提供的资金；到 2030 年，确保总能源需求的 15% 由清洁能源供应
泰国	泰国计划在 2030 年之前将其温室气体排放量在预计的基线情景水平上减少 20%；在充分获得技术开发和转让、财政资源和能力建设支持的前提下，贡献水平可以提高到 25%；泰国正在制定长期低温室气体排放发展战略（LT–LEDS），该战略将指导泰国实现具有气候适应性和低温室气体排放的发展，并作为加强其后续国家自主贡献的基础
越南	–利用国内资源，到 2025 年，越南将比基线情景下的温室气体排放总量减少约 7.3%（相当于 5,290 万吨二氧化碳当量），而到 2030 年，越南将比基线情景下的温室气体排放总量减少约 9%（相当于 8,390 万吨二氧化碳当量） –在通过双边、多边合作以及根据《巴黎协定》第 6 条实施市场和非市场机制所获得的国际支持下，根据越南的社会经济条件和所签署的国际公约，上述 9% 的贡献到 2030 年温室气体排放总量减少 27%（相当于 2.508 亿吨二氧化碳当量） –其部门范围有所扩大

在减少碳排放与经济增长和社会稳定之间取得良好的平衡至关重要。亚洲是主要的“世界工厂”和全球重要的经济引擎，拥有最大的人口规模和快速增长的中等收入阶层，当前及未来几十年，亚洲的生产、出口和消费需要大量的能源和其他资源。国际社会已帮助亚洲取得高电力普及率的成就，东亚和东南亚、中亚和南亚以及西亚和北非的电力平均普及率在 2019 年[1]已分别达到 98%、95%和 94%。

不可否认的是，亚洲仍然占全球碳排放总量的一半，前十大排放国中有七个来自亚

1 Tracking SDG 7 (esmap.org).

洲，包括中国、印度、日本、伊朗、沙特阿拉伯、韩国和印度尼西亚（见图 1–1）。然而，大多数亚洲发展中国家的人均碳排放处于较低水平，而且碳排放增长曲线比 GDP 增长曲线更加平缓（见图 1–2 和图 1–3）。

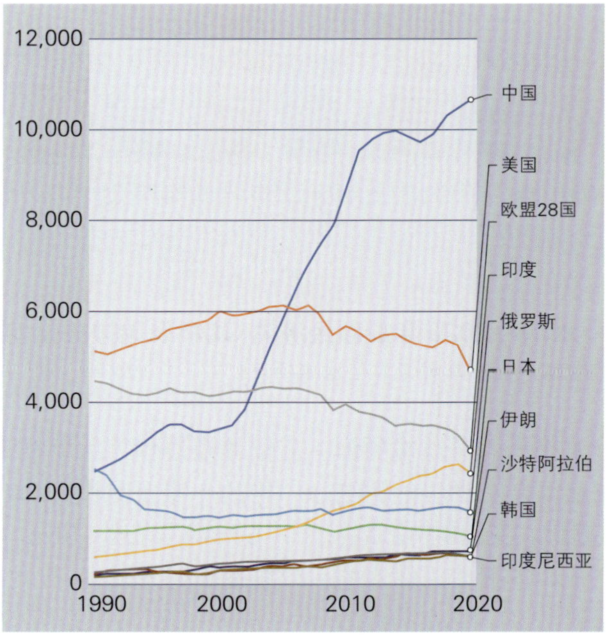

图 1–1　1990—2020 年全球碳排放前十名国家

资料来源：博鳌亚洲论坛研究院编制，数据来自全球碳项目。

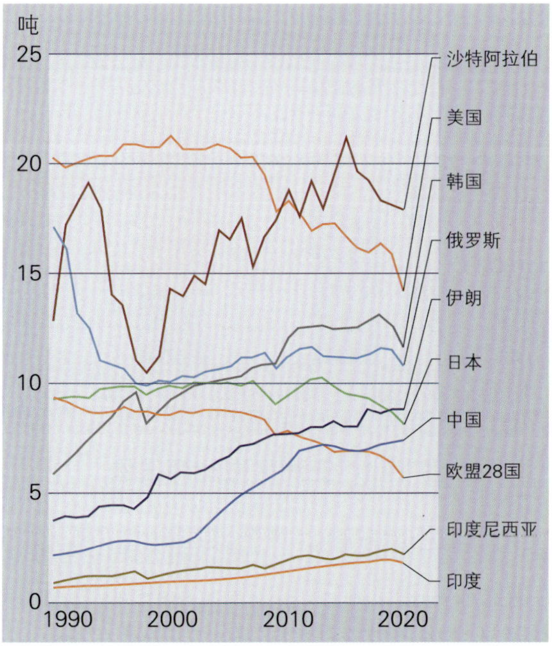

图 1–2　1990—2020 年全球碳排放前十名国家人均碳排放

资料来源：博鳌亚洲论坛研究院编制，数据来自全球碳项目。

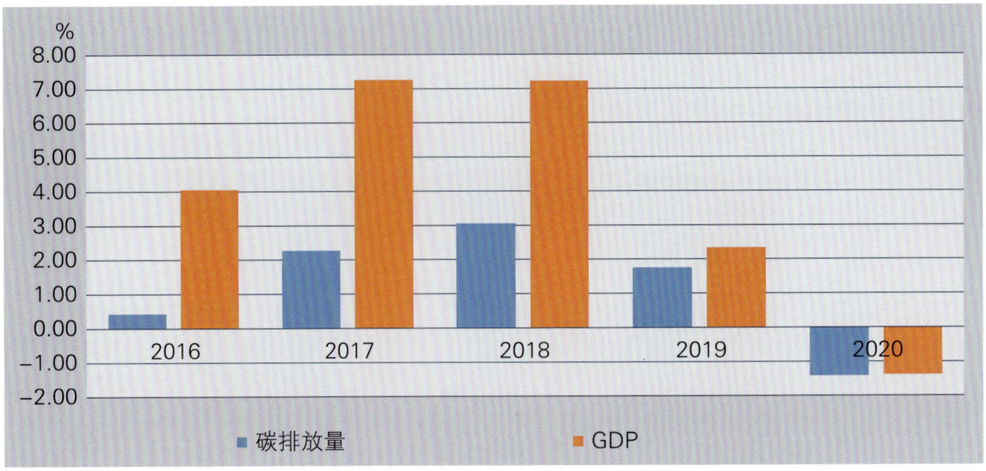

图 1-3　2016—2020 年亚洲经济体 GDP 及碳排放量增长情况

资料来源：博鳌亚洲论坛研究院编制，数据来自全球碳项目。

自然禀赋和传统技术带来的对煤炭的依赖使亚洲的能源转型更加复杂。《世界能源统计回顾》（2021，BP[1]）显示，亚洲约 42% 的能源依赖煤炭，相比之下，非洲使用煤炭的比例约为 22%，北美洲为 9%，中南美洲为 6%，欧洲为 12%。特别是，东亚和南亚严重依赖煤炭作为主要能源，约占其区域能源结构的一半（见图 1-4）。从国家来看，中国（57%）、印度（55%）、哈萨克斯坦（53%）、越南（51%）、印度尼西亚（40%）、菲律宾（40%）和马来西亚（33%）对煤炭依赖程度高。

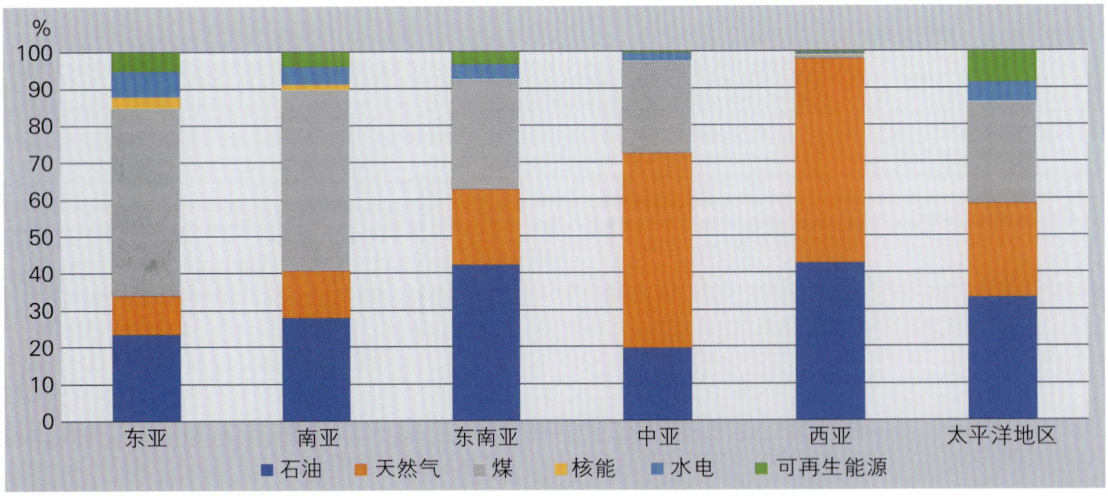

图 1-4　亚洲区域能源结构

为弥合全球“雄心差距”并充分考虑亚洲经济体在未来几十年内的蓬勃发展潜力和不断增长的能源需求，世界期待亚洲经济体采取更大胆、更迅速的行动，通过各种途径减少二氧化碳排放，包括更快地过渡到更清洁的电力来源，提高工业能源效率，实现交通部门电气

1 https://www.bp.com/content/dam/bp/business-sites/en/global/corporate/pdfs/energy-economics/statistical-review/bp-stats-review-2021-full-report.pdf.

化，利用碳捕获方法加速从大气中清除二氧化碳，扩大遏制甲烷等非二氧化碳温室气体的计划，以及逐步淘汰煤炭发电等。此外，用天然气替代煤炭是一个很好的过渡性解决方案，但它依赖于一个安全稳定的全球供应链。而近期地缘政治冲突已对全球供应链造成一定破坏。另外，转型融资对于逐步减少燃煤电力，帮助安装更加环保的能源设备具有重要作用。

因为绿色转型是一个资本密集和技术驱动的过程，所以我们需要注意的是，从发达国家向亚洲发展中国家转让绿色资金和技术是亚洲碳中和目标能否达成的关键。

专栏 1–1 全球碳中和倡议号召更具雄心的气候行动

“气候雄心联盟”是最早成立的碳中和倡议之一，由 COP25 主席国智利于 2019 年 9 月在纽约联合国大会的联合国气候行动峰会上发起。气候雄心联盟开始将具有更高气候雄心——1.5℃以内的升温目标，2050 年实现碳中和——的国家聚集在一起。

不久之后，联合国领导下的“竞相实现碳中和”（Race to NetZero）运动，将所有其他利益相关者，从地区、城市、企业、投资者到大学，聚集在一个大联盟中，在 2050 年前实现碳中和。到目前为止，这个联盟已经聚集了来自 733 个城市、31 个地区的 3,067 个企业、173 个大型投资者和 622 个高等教育机构。

格拉斯哥碳中和金融联盟（GFANZ）是由英格兰银行前行长、现任联合国气候行动和金融特使马克·卡尼主持，并在格拉斯哥举行的 COP26 上启动的一项重要的新倡议。这个倡议汇聚了金融系统的主要投资者和资产持有者，他们共同管理着 130 万亿美元的资产，并承诺实现碳中和。

根据各国正式提交给 UNFCCC 的具有约束力的国家自主贡献承诺和 2050 年长期战略文件中承诺的所有碳中和目标来看，如果这些措施全面实施，那么 2100 年的气温预计上升 2.1℃（见图 1–5）。这仍然远远高于《巴黎协定》的目标，即把气温上升降至远低于

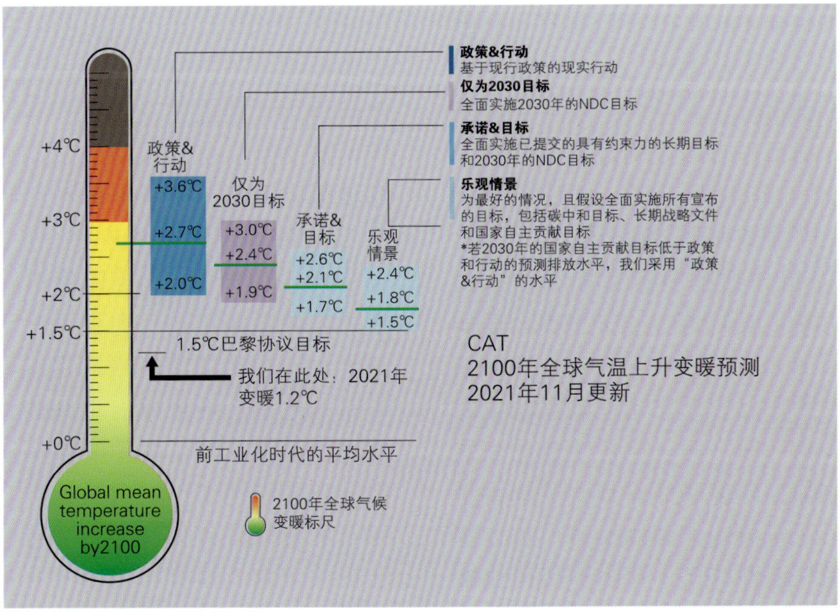

图 1–5 全球变暖条件下 2100 年气温比工业化前平均气温上升幅度的预测

2℃，并争取控制在 1.5℃之内。只有在一个乐观的情景之下，即假设充分执行所有宣布的目标，包括所有碳中和承诺、国家自主贡献承诺和长期承诺，我们才更接近目标，预计到 2100 年温度上升 1.8℃。该预测勉强能达到 COP26 主席宣布 1.5℃的目标。

简而言之，虽然在过去几年有一个明显的趋势，即采取更富有雄心的气候行动，特别是通过大量宣布碳中和目标和承诺，但所有的承诺还不足以将气温上升控制在 1.5℃之内——还需要进一步加强目标。此外，许多碳中和承诺缺乏实施所需的具体行动计划、政策或投资项目，而仅仅是承诺，甚至有些承诺相当模糊。

因此，推进碳中和道路上将有几个关键部分：

（1）继续加强更具有雄心的目标，特别是对那些尚未承诺实现碳中和的国家。

（2）通过可信的短期目标，特别是到 2030 年以减少 45%～50%碳排放为目标的国家自主贡献承诺，提高碳中和承诺的可信度；以及详细说明实现所承诺碳减排的可信途径的路线图和行动计划，包括具体的政策、行动与项目，也包括对所需资金的预测。

1.2 绿色复苏和公正转型

新冠肺炎疫情的影响持续存在，各国政府不仅要争分夺秒地为健康、食品和就业保障提供短期救助，而且要实施长期的经济复苏计划。设计经济复苏方案是重启褐色经济还是抓住机会加速向绿色经济转型，是一个关键选择。后者可以提供一个通过遵循绿色增长的发展路径来重建更好未来的机会。同时，政府还必须为所有人建设绿色基础设施，并采取政策措施保护受气候变化和产业转型影响的最脆弱的国家和群体，以实现公正转型（Just Transition）。

根据国际货币基金组织的数据，亚洲发展中国家在 2021 年实现 7.2%的经济增长，其中，中国、印度和东盟五国分别为 8.1%、9%和 3.1%。经济迅速复苏使能源需求大增。国际能源署（IEA）在《2021 年全球能源回顾》中预测，中国和印度的电力需求预计将按年增长约 8%，而东南亚国家的电力需求可能增长约 5%。为了满足快速增长的能源需求，中国、印度和许多其他亚洲经济体已经加快了对可再生能源的投资。正如国际能源署预测的那样，2021 年全球可再生能源电力增长中中国占比接近一半，而印度则继美国和欧盟之后排名第四。越南也积极推动太阳能光伏的应用。哈萨克斯坦和乌兹别克斯坦的大型风电厂已经完成或正在建设。亚洲的水力发电和生物能源在 2021 年也进一步增加。

在扩大绿色投资以促进复苏的同时，亚洲各国政府在其财政能力范围内，努力为绿色基础设施提供资金，并为受能源转型和自然灾害影响的人提供社会支持。亚洲国家积极建设洪水管理系统，升级城市的电子交通设施，并加强废物回收。一些亚洲国家，如巴基斯坦，用电普及率低于平均水平，这种情况在 2020—2021 年有了明显的改善。根据其国家数据（巴基斯坦社会和生活标准测量），巴基斯坦的用电率在 2020 年已经提高到 96%，包括 5%的离网供电率[1]。亚洲发展中国家的政府正在努力战胜贫困、增强粮食安全，以应对频繁的极端气候事件和供应链中断的危机。许多政府也开始为居民提供培训计划，为在煤矿和传统汽车制造业就业者提升应聘绿色工作机会的能力。

在新冠肺炎疫情肆虐的背景下，世界各地正在实施大规模经济刺激政策，以保障各

1 https://www.dawn.com/news/1663373/pakistans-progress-on-sdgs.

国人民的基本生活水平。然而对绿色基础设施和绿色转型的资金投入较为有限。2020 年，许多亚洲经济体的固定资本形成总额大幅下降。正如世界银行的数据所示，2020 年菲律宾、蒙古国和吉尔吉斯斯坦的固定资本形成总额下降超过了 20%，但在 2021 年开始恢复。GGGI 和 Vivid Economics 的一个合作项目评估了部分发展中经济体（包括亚洲的印度、老挝、蒙古国、菲律宾、泰国和越南）绿色复苏措施的绿色程度，其研究结果发现每个国家平均只有 11% 已宣布的刺激措施预计会对环境产生积极影响（见专栏 1–2）。但是，在印度、老挝和菲律宾，绿色激励措施的比例超过 22.7%，远远高于其他受评估的国家。复苏措施绿色程度最高的国家一方面经济对自然资源依赖度较高，另一方面拥有强大的政策以支持可持续发展。

专栏 1–2

GGGI 和 Vivid Economics 的一个合作项目旨在评估 21 个 GGGI 成员国的绿色复苏措施的绿色程度，包括 8 个选定的东加勒比国家组织（OECS）成员国。在与 Vivid Economics 的合作中，GGGI 调整了“刺激措施绿色程度指数”（Greenness of Stimulus Index），制定绿色复苏指数（Green Recovery Index），以评估发展中国家的绿色复苏措施。这项分析中有 6 个国家（印度、老挝、蒙古国、菲律宾、泰国、越南）位于亚洲。

“绿色复苏指数”采用绿色增长指数的子指标，对这些国家的绿色增长表现进行了基准评估（见图 1–6）。绿色增长指数的指标框架有其特有的优势，包括：（1）除了气候和自然维度，还考虑了绿色复苏措施的社会包容性维度；（2）包含了短期救济措施，这些措施主要集中在社会和福利支持方面，但为长期恢复措施提供了有利环境；（3）区分气候减缓和适应措施，后者不仅考虑建立生态系统，还考虑社会适应力；（4）关注受新冠肺炎疫情影响的其他部门，包括卫生和旅游业。

GGGI绿色复苏激励措施的分类

各类激励措施举例

	正向激励	绿色激励	棕色激励	中性激励
自然	• 无	• 废物和水管理 • 造林和恢复 • 水产养殖和渔业 • 生态系统的恢复	• 取消环境罚款 • 降低水资源的管理费和收费标准 • 对采矿业的投资和支持	• 将森林许可证延长6个月
气候	• 无	• 对化石燃料增加征税 • 废弃物、公共交通和可再生能源方面的基础设施项目 • 关于电动车和储能的政策	• 对机动车减免税收 • 建造化石燃料发电厂 • 对航空公司的支持 • 对畜牧业的支持	• 非具体的工业和基础设施激励措施 • 确保战略储备石油的安全
社会	• 与健康和教育有关的支出 • 对弱势人群的现金转移支付 • 保障性住房 • 临时工作计划	• 对绿色中小企业的支持 • 对小农户及其价值链的支持 • 环境卫生工作	• 对企业实施公用事业税	• 债务减免措施（如个人贷款和中小企业） • 货币政策监管

图 1–6　绿色复苏激励措施的类别概览

本次评估的总体结论是，被评估的 GGGI 成员国（发展中国家）的恢复措施的确能支持可持续发展目标的实现，但绿色激励措施的比例相对较小。平均而言，在每个国家宣布的刺激措施中，只有 11% 的措施会对环境产生积极影响（见图 1–7）。

为何复苏激励措施中绿色措施比例相对较低？主要原因是解决失业等社会问题具有较高优先级，以及样本中大多数发展中国家的财政资源有限，叠加负债率高等因素。

总之，为了支持“重建更好未来”理念，运用复苏计划支持绿色转型，需要同时解决一些关键问题，即失业、贫困、不平等、能力差异和经济障碍。幸运的是，正如 GGGI 和其他机构在多份报告中展示的那样，在可再生能源、绿色建筑、气候智慧型农业和重新造林方面的绿色投资会比化石燃料投资创造更多的绿色就业机会。

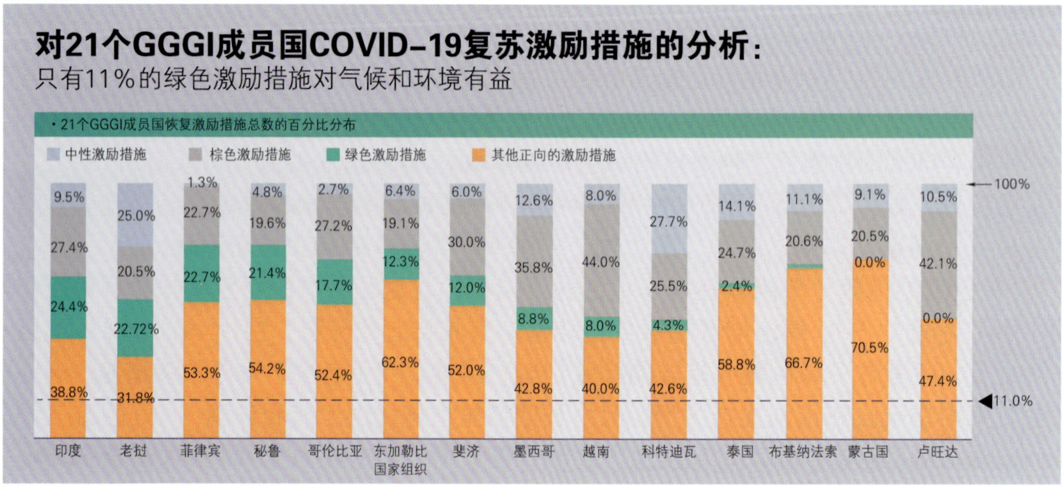

图 1–7　21 个 GGGI 成员国 COVID–19 复苏激励措施的分析结果

当前，亚洲国家（包括 GGGI 评估的国家）已经将绿色生产性投资和绿色财政及货币激励措施列为优先事项。为了确保绿色转型，各国还应该增加相应的激励措施，以促进“绿色技能”“绿色规划、战略和治理”“性别和社会包容”“绿色监管”“金融部门绿色化”和“绿色行为转变”等目标的实现。图 1–8 总结了亚洲国家在巩固绿色复苏和实现公正转型方面可以进一步推进的三个主要方面，即政策、金融融资和能力建设。

1.3　国际合作

亚洲国家在绿色基础设施和政策方面极大地受益于国际支持。如上所述，国际组织一直是亚洲的长期合作伙伴，帮助提高各经济体对气候变化的适应能力，实现包容性增长。区域内的多边和双边合作也非常有利于气候减缓与气候适应。在“一带一路”倡议下，中国一直与伙伴国家建立绿色基础设施，如与国际金融公司（IFC）合作的巴基斯坦卡洛特水电项目，以及与日本和印度企业合作的阿曼 105 兆瓦太阳能发电项目。日本努力促进亚洲发展中国家的去碳化进程和提高其气候适应能力，包括推动部门和城市层面的努力以及促进技术的推广。自 2010 年以来，韩国每年都在开展国际适应性培训项目，以支持发展中国家提升其适应能力的努力。新加坡于 2013 年成立了新加坡气候研究中心

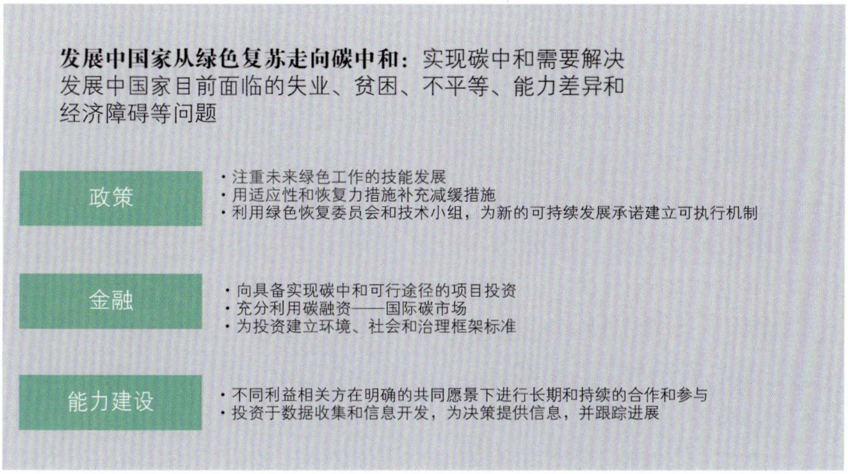

图 1-8　从绿色复苏到净零排放路径的建议

（CCRS），作为该地区专注于热带天气和气候研究的专门机构，该中心与世界气象组织（WMO）合作，开展各种发展倡议。老挝正与湄公河流域其他国家合作，实施湄公河流域气候变化适应战略和行动计划以及 2021—2030 年流域发展战略。东盟成员国与亚洲开发银行（简称亚行，ADB）于 2019 年 4 月共同启动了东盟催化绿色融资机制（ACGF），以加速东南亚的绿色基础设施投资。中亚区域经济合作机制启动了气候变化和可持续能源计划（CCSE）。作为气候脆弱论坛（CVF）和脆弱 20 国（V20）财政部长小组的成员国，孟加拉国计划推出一个战略投资框架，为实施可再生能源和气候恢复力倡议调动资金。沙特阿拉伯和阿联酋分别设立了中东绿色倡议和阿布扎比发展基金，以支持发展中国家的绿色转型和可再生能源项目。

更深入、更广泛的国际合作对亚洲成功实现碳中和目标至关重要。鉴于发展中国家对气候危机的贡献最小，却最容易受到其影响，发达国家有公认的义务为发展中国家采取气候行动提供支持。发展中国家政府在努力将疫后复苏绿色化、加速气候行动和实现碳中和的一个关键障碍是缺乏财政资源和高负债率。发达国家在 2009 年 COP15 上承诺向发展中国家提供资金，在 2020 年之前实现每年 1,000 亿美元的气候行动支持。遗憾的是，该项气候资金在 2019 年仅达到约 800 亿美元[1]，并且在 2020 年未达成目标。此外，这些气候资金的绝大部分将用于减少碳排放，只有相对较少资金用于适应气候变化，而后者却是最不发达国家的最高优先事项。

在 COP26 上，发达国家同意增加气候融资捐款，特别是将用于气候适应的资金增加一倍。气候适应资金预计将达到未来全部气候资金至少 50% 的比重。同时，许多发展中国家已经提出，每年 1,000 亿美元的资金不足以加速其清洁能源转型和适应气候变化。在 COP26 上，仅南非一国就与一些资金捐助国达成了超过 80 亿美元资金协助的协议。这些资金协助将加快南非在能源结构中从煤炭到可再生能源的转型。一些发展中国家在 COP26 上发布的预测表明，应对气候危机的成本将需要数万亿美元，而不是数十亿美元。同时，技术转让和援助也是发展中

1 https://www.oecd.org/env/climate-finance-provided-and-mobilised-by-developed-countries-aggregate-trends-updated-with-2019-data-03590fb7-en.htm.

国家淘汰褐色产业、发展可再生清洁能源和绿色经济不可或缺的内容。

除了气候融资和技术转让外，各国还在 COP26 上还就《巴黎协定》第 6 条达成协议，促进合作以应对气候危机。该条款项下的一些内容将在未来几年得以进一步发展。其中包括国家之间关于国际转让减缓成果（ITMO）或碳信用的协议，允许国家（或其代表)向另一个国家购买后者实现的减排量，以抵消前者的巴黎协定义务。这种交易可以在项目层面上达成，或通过气候基金以捆绑或汇总的形式达成，也可以通过将两个国家的碳排放权交易体系（ETS）联系起来，实现跨境交易。这一协议的目的在于随着时间的推移，这些气候行动将推动全球碳市场的建立，能够促进碳交易，加速全球去碳化，实现碳中和。

在亚洲从煤炭能源向绿色能源的过渡方面，2021 年一个令人鼓舞的迹象是，中国、日本、韩国与其他亚太经济合作组织成员一起，承诺停止对海外燃煤电厂的融资。亚行和亚洲基础设施投资银行（简称亚投行，AIIB）这两个区域性多边开发银行也宣布不再为新的燃煤电厂提供资金。亚行和合作伙伴提出的碳减排设施将以低于商业电厂的资金成本购买和运营燃煤电厂，并且推出新的支持碳减排的融资工具，以期将燃煤电厂的运行寿命从 30～35 年缩短到 15 年。在 COP26 上，亚行、印度尼西亚和菲律宾宣布了这一能源过渡机制（ETM）。印度尼西亚、菲律宾和越南将全面扩大 ETM 的规模——其目标是在未来 10～15 年内淘汰 50%的煤电机组，即大约 30 吉瓦——每年可以减少 2 亿吨的二氧化碳排放。

1.4 政策建议

综上所述，尽管 2021 年包括亚洲各国政府和私营企业在内，都先后宣布了碳中和目标，但未来几年的重点须放在通过制定坚定计划和采取行动来落实这些脱碳承诺上。为此，报告提出以下 9 点建议。

（1）建立绿色增长模式，重建更好未来。鉴于亚洲主要新兴经济体面临的温室气体排放在未来 10 年内迅速增加的风险与实现净零排放的当务之急背道而驰，亚洲各国政府迫切需要一种新的经济增长模式，即环境可持续和社会包容的模式，并且需要扩大用于气候变化减缓和适应的公共资金规模。随着各国经济从疫情导致的衰退中逐渐恢复，绿色投资提供的绿色工作为疫情后强劲复苏与加速气候行动相结合提供了机会。

（2）制定更具雄心的 2030 年国家自主贡献以及具有明确时间表和顺序的路线图。虽然最近一系列的“净零排放”声明前景有望，但它们仍需得到翔实路线图、行动计划和投资的支持，而且亚洲各国政府 2030 年国家自主贡献也需要与净零排放保持一致。有明确时间表和顺序的路线图对能否成功实施国家自主贡献至关重要。

（3）健全的绿色治理。一套绿色治理的“全方案”，包括政府部门机构设置、计划与政策以及强大的市场基础设施，是亚洲国家健全绿色治理的关键要素。需要建立良好的激励机制，包括对先行者的鼓励。良好的沟通和政策透明度可以帮助整个社会更好地理解净零排放路径。参与价值链减碳、气候信息披露、绿色金融分类体系以及环境、社会、治理（ESG）投资担保承诺的全球标准的制定，是政策制定者需关注的重要内容。私营部门对绿色产业进行资本投资有赖于一个良好的投资环境。

（4）逐步减少煤炭使用。为了加快净零排放的过渡，减少未来资产搁浅风险，除了不向海外的燃煤电厂提供资金外，亚洲国家需在国内加快逐步淘汰燃煤电厂的步伐。但是，这不等同于“削减产量”或“完全零排放”。同时，由于当前疫情冲击和俄乌冲突相互叠加的复杂的国际形势，对能源安全、供应链安全、食品安全方面的担忧在加剧，可能会在一定程度上影响减碳和绿色转型行动。

（5）可再生能源规模化和交通电气化。全球几乎所有的太阳能电池板生产都在亚洲，主要集中在中国、马来西亚、越南和韩国，这对该地区来说是一个重要的经济机会。亚洲的风能和风力涡轮机的生产也有类似规模，这是重型制造业从化石燃料发电厂转向大规模离岸风力涡轮机的机会。加快交通部门的电气化是亚洲的另一个经济机会，也是应对气候问题的必要条件。鉴于亚洲锂离子电池和亚洲汽车制造商的主导地位，亚洲地区将成为全球电动汽车最大的生产地和市场。

（6）碳定价。鼓励亚洲国家使用碳税和碳交易形式的明确碳定价，以反映污染活动造成的外部成本。正如研究表明，在全球范围内，使用碳定价有可能在不增加成本的情况下到 2035 年将全球减排量提高一倍[1]。国际货币基金组织估算，根据每个国家的能源结构，每吨二氧化碳征收 25 美元的相对温和的碳税，并在整个亚太地区实施 10 年，到 2030 年可以减少 21%的温室气体排放，并在 10 年内产生约 0.8%的国内生产总值的收入[2]。碳定价也应与一揽子政策相匹配，为温室气体减排提供一个全面的、可信的框架，同时也可以解决由此产生的分配问题和社会影响问题。区域碳定价政策的连通性对于潜在收益最大化至关重要。亚洲经济体也应该为欧盟和其他先进经济体实施跨境碳调节机制（CBAM）做好准备。

（7）绿色金融。绿色金融和可持续投资的爆发式增长为吸引私营部门净零排放融资提供重要机会。绿色债券市场在亚洲许多经济体仍处于起步阶段，并将在未来几年实现爆发式增长，正如近年来二十国集团（G20）的情况一样。各国政府需采取有力政策，包括绿色分类体系、绿色债券框架和与气候相关财务信息披露工作组（TCFD）相一致的披露要求。可持续和气候债券应提供绿色溢价，以激励债券发行并培育市场，转型融资是现有棕色项目绿色化的重要手段。

（8）气候融资和绿色技术转让。尽管亚洲一直是气候融资的主要受益地区，享有全球气候资金的 30%，其次是撒哈拉以南非洲（24%）[3]，亚洲发展中国家仍迫切需要资金和技术支持，以应对其严峻的气候变化挑战。尤其是气候适应资金，目前约占承诺的优惠贷款总量的 20%～25%，却远远不足以帮助那些最不发达国家和最容易受到自然灾害和气候变化影响的国家。同时，技术转让和援助可以帮助许多亚洲经济体为建立绿色工业和气候韧性奠定基石。在所有利益相关方的参与下，亚洲可以考虑做出区域性安排，以支持尚未商业化的绿色技术试验。这些试验一旦成功，就在区域内和区域外迅速推广，特别是向更小型经济体推广。

（9）加入国际气候变化倡议和平台。到目前为止，亚洲许多企业已经做出了雄心勃勃的净零排放承诺，其中，金融机构处于领先地位。然而，鉴于一些全球性国际气候变化倡议和平台对绿色标准和披露要求有很高的门槛，许多亚洲企业对加入这些倡议和平台仍犹豫不决，因此尚不能很好地利用这些倡议和平台。鉴于此，作为第一步，可以鼓励亚洲企业参与那些分享实践经验和讨论不同国家关切的国际平台和倡议，包括联合国框架下负责任投资原则（PRI）和国际金融公司支持建立的新兴市场金融监管机构和银行协会组成的可持续银行网络

1 Piris-Cabezas P，Lubowski R，Leslie G. 市场的力量增加雄心. 纽约：环境保护基金，2019. https://www.edf.org/sites/default/files/documents/Power_of_markets_to_increase_ambition.pdf.

2 https://www.imf.org/en/Publications/Departmental-Papers-Policy-Papers/Issues/2021/03/24/Fiscal-Policies-to-Address-Climate-Change-in-Asia-and-the-Pacific-Opportunities-and-49896.

3 《联合国气候变化框架公约》第四次（2020 年）气候资金流动两年期评估和概述。

（SBN）等。可以在这些平台和其他全球倡议之间建立密切联系，以使新兴经济体和发展中国家的企业做出的净零承诺与全球雄心保持一致。

专栏 1-3　韩国的绿色增长模型

韩国的绿色增长模型（Green Growth Model）（见图 1-9）的成功为许多国家提供了优秀范例。自二十世纪七八十年代起，韩国对化石燃料较为依赖。为了解决能源冲击和经济放缓等问题，韩国决定采用“绿色增长”作为国家发展战略。韩国现正处于气候变化和新冠肺炎疫情困境的十字路口，其所倡导的绿色增长模式的发展规模和速度，与实现净零排放的目标息息相关。

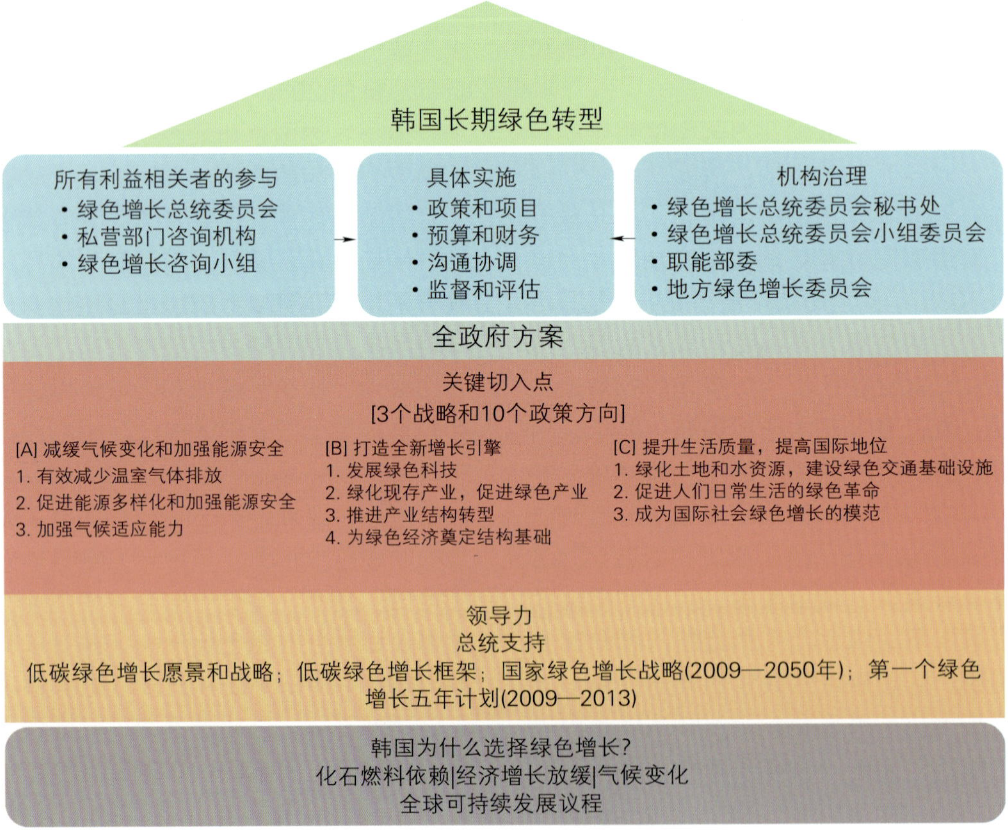

图 1-9　韩国绿色增长模型

韩国的绿色增长模型从以下几个方面促进了韩国的低碳发展：制度框架、有利环境、机构动员和气候雄心。这些因素都来源于韩国“自上而下”的政治承诺。对所有利益相关者而言，这一体系有助于促进韩国绿色增长，使其具有国家层面的优先性。目标先是被转化为政策和计划，然后进一步由技术和工业方面的先进创新来推动绿色就业。

资料来源：全球绿色增长研究所

第2章

绿色治理

2.1 绿色治理结构

本报告中的绿色治理是指政府和准政府机构在追求净零排放目标方面的计划和措施，包括组织机构设置、碳中和战略、规划与政策及基础设施建设。绿色治理需要全方位整体推进，包括适当的组织架构和市场基础设施，以系统、协作和互补的方式部署目标、机制和措施，强调沟通与协调。本章论述了绿色治理结构，详细介绍了中国、日本、韩国、新加坡、泰国的案例，并提出了建议。

2.1.1 组织机构设置

政府领导是绿色转型的核心。为了履行本国对国际协议的承诺，中央政府需要通过合理的组织机构设置，更好地制定国家目标和政策，将任务下达给地方政府，进行政策协调，并为企业和社会提供有利的基础设施。

许多亚洲国家设立了由高层官员领导的净零排放任务顶层领导机构，直接向国家领导人汇报。这种高级别领导机构能够很好地调动国内资源，协调部门间的沟通与合作，并为各级部门制定执行方针和政策。中国在2021年成立了“碳达峰碳中和工作领导小组”，在2.2部分会有详细说明。韩国也在2009年2月建立了高级别的绿色增长总统委员会，负责实施国家绿色增长战略；同时设立了碳中和总统委员会，该委员会起草了到2050年实现国家净零排放目标的路线图和议程。并于2021年10月，碳中和总统委员会发布了两个最新的政策路线图，包括停止使用煤炭发电[1]。尼泊尔设立了环境保护和气候变化管理国家委员会和跨部委气候变化协调委员会（IMCCC），在政府高层和部委之间承担指导和协调任务。新加坡的跨部委气候变化委员会和泰国的国家气候变化政策委员会（NCCC）也是很好的例子。

亚洲各国负责净零排放战略和规划的牵头部门各不相同。例如，日本经济产业省发布了《绿色增长战略》，敦促开发利用清洁能源，将低碳能源推广应用到各个领域，从源头上加速碳中和进程。在中国，国家发展和改革委员会负责制定和实施有关绿色发展的战略、规划和政策，并承担“碳达峰碳中和工作领导小组”办公室工作。在其他许多亚洲国家，则由环境部牵头气候变化相关的工作。

牵头部委与其他职能部门密切合作，协

1 https://www.spglobal.com/platts/en/market-insights/latest-news/energy-transition/101921-south-korea-finalizes-2050-carbon-neutrality-roadmaps.

调一致，以实现“净零排放”。财政部、中央银行和其他金融监管机构（包括银行和证券部门）可以在日常货币政策和财政政策中考虑气候变化的因素联合发布政策指南，引导经济领域的绿色发展，促进绿色资本的合理配置。能源部、工业部、科技部、商务部、交通部、农业部等可以在清洁能源、能源效率、绿色技术突破等领域制定并推广绿色低碳转型指南，并促进其在工业生产、贸易、交通运输和社会各方面的应用。例如，为了解决农业对土地需求不断增加的问题，并实现农业和其他土地的行业减排目标，印度尼西亚需要提高农业生产力。这就需要负责农业、林业、金融、工业、贸易、中小企业（UMKM）、教育和培训等部委共同合作，在土地、金融、技术和能力建设等方面给农民更多支持，让他们使用更优的种子，更好的技术。其他相关政府部委和机构，包括地方政府、负责能源、经济、渔业、基础设施、卫生、规划和发展等的部委，都可以在绿色转型方面协调合作、积极作为。

地方政府一方面要因地制宜地执行中央政府的政策，另一方面也要鼓励地方政府制定碳达峰碳中和目标，主动制定路线图。地方政府也可以建立地方领导小组或工作小组，领导地方实践，促进地方政府与上级政府或与其他地区对口单位的沟通和协调。日本环境省设立了国家和地方脱碳委员会，该委员会和地方环境办公室为中央和地方政府之间的合作提供了很好的范例。

专业的咨询与研究组织也可以在绿色治理方面发挥积极作用。这些组织由各领域的专家和学者组成，可以从专业角度向相关政府机构和决策者提供独立的、科学的意见和建议。中国的“国家气候变化专家委员会”、韩国温室气体排放清单和研究中心（GIR）、韩国能源经济研究所（KEEI）和日本国家环境研究所（NIES）是很好的例子，体现了研究机构在各国实现净零排放的过程中一直发挥着非常积极的作用。

2.1.2　战略、计划和政策

除国家自主贡献外，所有缔约方被鼓励在国家层面制定和讨论长期温室气体低排放发展战略，明确表达自身的碳中和愿景，围绕 LT-LEDS 制定全面可行的政策，努力全方位实现碳中和目标。为了在国际社会应对气候变化中发挥积极的作用，柬埔寨、中国、印度尼西亚、日本、尼泊尔、韩国、新加坡和泰国等亚洲国家纷纷制定了各自的 LT-LEDS[1]。国家净零排放和温室气体减排目标可以转化为国家战略、详细的路线图或规划以及具体政策。

亚洲国家采取多样化的措施来减缓和适应气候变化。在适应气候变化方面，亚洲国家在易受气候变化影响的关键部门加强了适应措施，涉及粮食和农业、水资源、森林和生物多样性、城市居住区和能源、沿海和海洋等。气候智能型农业、水平衡系统、洪水和台风灾害预警系统、水资源综合开发等技术都已列入东盟国家适应战略清单[2]。在减缓气候变化方面，亚洲国家加大了提高能源效率和推广可再生能源的力度。在其“循环碳经济框架”下，沙特阿拉伯实施了能源效率方案，包括提高石化等关键战略部门的原料利用效率，同时也启动了植树造林一期方案。

亚洲国家也提出了包括产业政策、财政政策和金融政策在内的一揽子政策，采取激励和约束措施，推动可再生能源发展。碳税作为抑制碳排放的重要财政政策工具，已被多个亚洲国家采用（见表 2-1）。此外，在采取更有针对性和结构性政策促进技术突破和应用的同时，一些亚洲国家，例如印度尼西亚，也在考虑如何对中小企业、弱势家庭和就业部门提供援助，以确保“公

1 https://unfccc.int/process/the-paris-agreement/long-term-strategies.

2 东盟气候变化状况报告，2021.

平过渡”，从而保证经济中的弱势部门免受　　不利影响。

表 2–1　部分亚洲国家在碳/气候税方面的努力

国家	概　况
新加坡	于 2019 年引入碳税，这是东南亚国家首个碳税
印度尼西亚	第 7/2021 号法律第 13 条规定，从 2022 年 4 月开始，对超额排放的燃煤电厂运营商征收碳税（30,000 印尼卢比/吨二氧化碳当量）
印度	没有碳税，但煤炭税从 2010 年每吨 50 印度卢比升至目前的 400 印度卢比（约合 5.30 美元）
日本	自 2012 年以来，日本对石油、煤炭和天然气征收“全球变暖对策税”，每吨名义碳排放量征税 289 日元（约合 2.65 美元）
约旦	2021 年的国家自主贡献建议将工业用天然气的税率从 16%降至 7%，通过减免税收鼓励使用天然气
斯里兰卡	2021 年的国家自主贡献建议在 2021—2030 年引入燃料碳税
乌兹别克斯坦	将考虑引入碳税/温室气体排放税机制

资料来源：由博鳌亚洲论坛研究院根据各国的国家自主贡献和公共网站资料汇编而成。

2.1.3　市场基础设施

基础设施建设在碳定价、碳融资和促进碳减排方面具有至关重要的作用。我们需要建立一个可监测、可报告、可核实数据（MRV）的系统。高质量的温室气体排放数据是碳交易的基础。准确核算和报告温室气体排放是碳减排的一项重要工作，有利于更好地发现碳价格并纠正市场失灵。例如，柬埔寨已经开发完成一个综合详尽的 MRV 系统对数据进行追踪和报告，其中包括气候适应和减缓措施的进展、已获得的资金及所需的能力支持。

中国香港、日本和新加坡都正式采用了与 TCFD 一致的披露要求，要求强制披露相关排放数据[1]。为了制定全球气候披露新标准，COP26 期间国际可持续发展标准委员会（ISSB）成立。G20 财政部长和央行行长也支持气候相关信息的全球报告标准。

碳交易作为一种市场化环境监管工具，能够内化企业的环境污染成本，它由政府引导，市场主导，促使企业向低碳方向转型。强制性和自愿性碳市场都为碳价格的实现和碳交易奠定了重要基础，为减排活动提供了有效的、市场化的激励。令人鼓舞的是，2021 年在 COP26 上，各国谈判代表就《巴黎协定》第六条的布局达成了协议，通过接受碳市场的“合作方法”为新兴全球碳市场建立了一个基本框架。在亚洲，韩国、中国和日本已经建立了强制性的碳排放交易系统（ETS），其他国家也正在或考虑开发碳排放交易系统。

1　TCFD 的建议得到了一些国际机构的支持，包括 G7、G20、欧盟委员会、金融稳定理事会（FSB）、国际财务报告准则（IFRS）和国际证券委员会组织（IOSCO）等。

表 2-2　具有市场机制的国家汇总

国家	有关碳市场和其他市场机制的举措
中国	ETS 正在运行，建立了全国碳排放交易系统
韩国	ETS 正在运行，首个建立全国碳排放交易系统的东亚国家
日本	ETS 正在运行，2 个区域性碳排放交易系统；正在建立新的碳信用交易市场
哈萨克斯坦	ETS 正在进行，于 2013 年启动，是亚洲首个全国碳排放交易系统
印度尼西亚	正在开发 ETS，将于 2024 年实施；2021 年 11 月推出了碳交易政策以减少排放
越南	正在开发 ETS；建立了国内 ETS 和信用机制设计的法律基础（《环境保护法》（LEP），2022 年 1 月 1 日生效）；预计将于 2025 年开始 ETS 试点，并于 2027 年全面运行
菲律宾	正在考虑建立 ETS，2020 年提交了一份为工商部门建立排放总量控制和交易系统的议案，技术工作组正在审阅该议案
巴基斯坦	正在考虑建立 ETS，2019 年建立国家委员会，评估 ETS 的作用和范围；目前正在为碳排放交易系统筹备 MRV 条例；巴基斯坦获得"雄心气候行动"合作工具（CIACA）项目的支持，建立了碳定价工具（CPI）；国家碳市场建设委员会（NCEC）负责监督未来巴基斯坦碳市场潜在架构的开发
泰国	正在考虑建立 ETS，2020 年，在自愿性排放交易机制的基础上，为更多的部门开发了 MRV 系统；目前正在为东部经济走廊地区规划 ETS 试点，并开始制定 ETS 国家立法
孟加拉国	正在考虑建立 ETS，2021 年国家自主贡献中提出建立碳市场机制
印度	履行、实现与交易机制（PAT），是一个基于市场的能效交易机制；目前涵盖了 8 个能源密集型工业部门的 478 家工厂（指定消费者），占全国总能耗的三分之一

资料来源：博鳌亚洲论坛研究院根据国际碳行动伙伴关系（ICAP）报告、各国的国家自主贡献和公共新闻汇编而成。

2.2　案例研究

2.2.1　中国——综合全面的、自上而下顶层设计

中国实现"30·60"双碳目标的绿色治理的特色是自上而下的顶层设计，其中中央政府发挥了关键性的主导作用，计划和市场机制是两个重要驱动因素。

2.2.1.1　组织机构安排和政策框架

2021 年 5 月，中共中央、国务院成立了碳达峰碳中和领导小组（LGCPCN），办公室设在国家发展和改革委员会（NDRC）。国家发展和改革委员会、科技部、财政部、工业和信息化部、生态环境部、商务部、中国人民银行以及其他相关部委是双碳领导小组成员。在 LGCPCN 的指导下，各部委都要确保政府最高层的愿景、战略、路线图和政策能够得以很好地设计、协调和实施。

各省政府积极出台了实现双碳目标的指导意见。国务院发布的《2030 年前碳达峰行动方案》（简称《方案》）要求各地区要准确把握自身发展定位，结合本地区经济社会发展现状和资源环境禀赋，通过各级政府间的协作，坚持分类施策、因地制宜、梯次有序推进碳达峰。

中央政府一直在加快推进碳达峰碳中和的"1+N"政策体系的工作。2021 年 10 月，中共中央、国务院正式公布了《中共中央 国务院关于完整准确全面贯彻新发展理念做好碳达峰碳中和工作的意见》（简称《意见》），

对碳达峰碳中和工作做出整体、系统规划。作为中国“1+N”政策框架中的“1”，该文件是促进实现碳达峰碳中和工作目标的指导性文件。

国务院印发的《方案》，是对《意见》内容的进一步深化和落实。此外，《方案》还提出了“碳达峰十大行动”，重点实施能源绿色低碳转型行动、节能降碳增效行动、工业领域碳达峰行动、城乡建设碳达峰行动、交通运输绿色低碳行动、循环经济助力降碳行动、绿色低碳科技创新行动、碳汇能力巩固提升行动、绿色低碳全民行动以及各地区梯次有序碳达峰行动。

2.2.1.2　规划和市场机制

在规划方面，中国第十三届全国人大四次会议通过的《中华人民共和国国民经济和社会发展第十四个五年规划和 2035 年远景目标纲要》提出从 2021 年到 2025 年将“二氧化碳排放降低 18%，能源单位国内生产总值降低 13.5%”的目标。中央政府将这些指标和“能源消耗上限”及“二氧化碳排放上限”分配到地方，指导各地的能源使用和碳排放工作。2021 年底，中央政府决定在条件成熟时只使用“碳排放总量和强度”进行规划。

在市场机制方面，中国是世界上第 46 个建立碳定价机制的国家，拥有迄今为止最大的全国性碳排放交易系统。中国的 ETS 成立初期只关注电力行业，该行业占中国每年二氧化碳总排放量的 40%。截至 2022 年 1 月 28 日，总交易量达 1.87 亿吨，交易额达 80.72 亿元。根据初步研究，与 2019 年相比，2020 年参与全国 ETS 的重点企业的排放强度大幅下降，初步显示出全国碳排放交易系统在促进温室气体减排和绿色转型方面的积极作用。

一旦全面实施，中国碳市场将覆盖另外七个部门的大型企业：石油精炼、化工、有色金属加工、建筑材料、钢铁、纸浆和造纸、航空。ETS 还可能扩大市场参与者和交易产品范围，进一步提高其市场覆盖率，促进从强度控制到总量控制的平稳过渡。

2.2.2　日本——中央与地方的协调和非政府组织的参与

日本绿色治理的一个重要特点是中央和地方政府的高效协调以及地方政府、非政府组织和全社会的积极参与。在市场基础设施建设方面，东京市和埼玉县的“总量控制与交易”碳排放交易系统在碳定价方面处于全国领先地位。

2.2.2.1　中央和地方之间的相互作用

日本提交了国家自主贡献，旨在到 2030 年将温室气体排放量在 2013 年的基础上减少 46%，并将继续努力，争取减少 50% 的排放。日本目前正在修订《全球变暖对策促进法》，把到 2050 年实现净零排放的目标写入法律，将为政策制定提供法律依据并确保政策的连续性。为实现碳中和目标，日本采取了让各级政府和社会都参与进来的整体方法。中央政府和地方政府的互动是日本绿色治理的一个独特之处。

在整个碳中和过程中，日本环境省在碳中和过程中起着关键作用。日本环境省是一个综合性的环境管理机构，承担着多种任务[1]，在 8 个地区设立了地方环境办公室[2]，使国家和地方政府在环境管理上相互关联，以促进有效互动，更好地掌握地方情况。

另外，日本成立国家和地方去碳化委员会，以确保中央和地方政府能够更好地协调碳中和措施，特别是地方倡议和居民的绿色生活方式。参加会议的人员包括担任主席的内阁官房长官、担任副主席的环境大臣和总务大臣、地区振兴国务大臣、农林水产大臣、经济产业大臣以及土地、基础设施、运输和旅

1 https://www.env.go.jp/cn.

2 https://www.env.go.jp/region.

游大臣等。地方政府的代表也参加了会议，包括长野县知事、横滨市市长、小野市市长（福井县）、壹岐市市长（长崎县）、轻米町长（岩手县）和津南町长（新潟县）[1]。自 2020 年 12 月的第一次会议以来，该会议已经举行了三次，并在 2021 年 6 月的第三次会议上制定了“区域脱碳路线图”。100 个领先的脱碳地区将在 2025 年前制定各自的碳中和路线，并在 2030 年前实现碳中和目标。

2.2.2.2　非政府组织（NGO）的积极参与

日本独有的第二个特点是包括研究机构和公众社团在内的非政府组织积极参与到亲环境事务中。环境非政府组织的活动范围很广，包括对环境状况的监测和监督、国际讨论和合作、宣传绿色和低碳的理念、保护和改善环境等。例如，在环境省的倡议下，2010 年气候变化适应方法委员会成立，其成员包括气候变化相关领域的科学家、主要部门的专家以及国家和地方政府和机构的负责官员。日本国家环境研究所于 1974 年被确认为日本的环境研究中心，并于 2001 年正式成为一个独立的组织，下设 8 个部门。其中，全球环境研究中心（CGER）成立于 1990 年，隶属于地球系统部门，是日本全球环境研究的重点单位。

2.2.2.3　市场基础设施

日本已经建立了两个区域性的 ETS。2010 年 4 月启动的东京总量控制与交易计划是日本第一个强制性的排放交易系统。埼玉县的 ETS 于 2011 年 4 月建立。自 2011 年以来，东京市和埼玉县两个地方政府将其市政碳交易系统连接起来，推动大型建筑和工厂的减排。

日本经济产业省已宣布在 2022—2023 财年启动示范性碳信用交易市场，将日本国内的碳排放信用货币化，并对东盟和欧美国家[2]减排所得碳信用进行交易。碳减排货币化可以发出价格信号，激励企业减排，实现碳中和。

2.2.3　韩国——东亚第一个全国碳排放交易市场

2.2.3.1　韩国的 2050 年净零排放承诺

2020 年 10 月 28 日，韩国时任总统文在寅宣布，韩国承诺将于 2050 年实现碳中和。2021 年 8 月 31 日，韩国国会颁布了《碳中和与绿色增长框架法案》，使韩国成为第 14 个将 2050 年净零排放愿景写入法律的国家。随后，韩国在 COP26 上宣布进一步提高 2030 年的减排目标，即在 2018 年的基础上降低 40%。韩国政府宣布将停止海外燃煤电厂投资，到 2030 年将韩国官方发展援助（ODA）的绿色份额提高到经济合作与发展组织（简称经合组织，OECD）的平均水平，并将在全球绿色增长研究所（GGGI）设立韩国绿色新政基金（Korea Green New Deal Fund），以支持气候行动及发展中国家重建更好未来。

2.2.3.2　韩国碳排放交易体系（K–ETS）

韩国于 2015 年 1 月建立了东亚首个全国范围的强制性碳排放交易体系（即 K–ETS），当时还是继欧盟碳排放交易体系的第二大碳市场。碳市场是一个重要的政策工具。K–ETS[3]覆盖了韩国 685 个最大的排放单位和 73.5% 的温室气体排放量，旨在为韩国实现其国家自主贡献目标和 2050 年实现碳中和继续发挥作用。

K–ETS 目前由韩国环境部监管，2016 年到 2018 年 1 月间曾被移交给经济和财政部。K–ETS 是一个总量限制和交易的市场，每年每个阶段都设定总排放量的上限。总排放量在 2018 年达到最高，随后下降。由于范围扩大，第三阶段（2021—2025 年）上限较高，

1 https://www.mofa.go.jp/files/100153687.pdf.

2 https://www.spglobal.com/platts/en/market–insights/latest–news/electric–power/080521–japans–meti–aims–to–start–demonstrative–carbon–credit–market–in–fy–2022–23.

3 依据国际碳行动伙伴关系（ICAP）《2021 年全球排放交易现状报告》所做的分析。

但与 2017—2019 年的基线相比仍低 4.7%。K–ETS 预留一定配额以稳定市场，第一阶段（2015—2017 年）为 1,430 万吨二氧化碳，第二阶段（2018—2020 年）为 1,400 万吨二氧化碳，第三阶段（2021—2025 年）为 1,400 万吨二氧化碳。

第一阶段配额 100%免费分配，第二阶段对 3%的配额进行拍卖，第三阶段对 10%进行拍卖。在第三阶段，新的改革还包括允许金融中介机构参与交易所的交易，并建立期货市场。韩国国内国际的自愿碳抵消市场信用（如韩国碳抵消信用和清洁发展机制）也允许在 K–ETS 中交易。交易收入将用于支持减排设备、低碳创新和体系内各机构的技术开发。

作为市场机制的补充，目标管理系统（TMS）直接覆盖 K–ETS 范围之外的中小型企业的碳排放。该系统要求 TMS 监管下的企业主动将排放控制在阈值内。如表 2–3 所示，该阈值一直在下降[2]。

表 2–3　TMS 历年阈值

部门	2011 年 12 月 31 日之前		2012 年 1 月 1 日至 2013 年 12 月 31 日		2014 年 1 月 1 日至今	
	企业阈值	设备阈值	企业阈值	设备阈值	企业阈值	设备阈值
温室气体排放（CO_2）/吨	125,000	25,000	87,500	20,000	50,000	15,000
能源消费/TJ	500	100	350	90	200	80

2.2.4　新加坡——东南亚碳税的先行者

由于地理条件有限，自然资源缺乏，新加坡在向太阳能和核能等清洁能源过渡时面临着诸多困难，但就每单位国内生产总值的排放量而言，新加坡目前的能源效率却非常高。2017 年[2]，新加坡在 141 个国家排名中跻身前 20 位。其能效也体现在发电的燃料结构上，其中 95%为天然气[3]。虽然 2020 年[4]新加坡贸易全球占比为 1.39%，但其碳排放仅占全球的 0.13%。

新加坡在应对气候变化挑战方面采取了积极的措施。虽然没有正式设定“净零排放”的目标年份，但新加坡已承诺在 2030 年将碳排放强度降低 36%，同年碳排放量达到不高于 65MtCO_2e 的峰值，在此基础上到 2050 年再降一半，并争取在可行的情况下尽快实现“净零排放”。新加坡主要的战略文件和行动计划包括 2012 年出版的国家气候变化战略《气候变化与新加坡：挑战、机遇、伙伴关系》，2015 年出版的《可持续新加坡发展蓝图》以及 2016 年出版的《气候行动计划：现在开始行动，建设高碳效新加坡》。

碳税是激励全社会生产者和消费者减碳的重要碳定价工具之一。

新加坡是东南亚首个征收碳税的国家。碳税于 2019 年开始征收，适用于各行业每年排放 25KtCO_2e 或以上的设施。初始税率为每吨 5 新加坡元。新加坡的碳税覆盖率全球最高，约为全国总排放量的 80%左右，包括二氧化碳、甲烷、氧化亚氮、六氟化硫、氢氟碳化物和全氟化碳。碳税不适用于运输燃料，后者属于消费税征收范畴。碳价

1 https://www.keco.or.kr/en/core/climate_supporting1/contentsid/1934/index.do.

2 国际能源署. 构建新加坡低碳和具有气候韧性的未来以及燃料的 CO_2 排放. 2019.

3《构建新加坡低碳和具有气候韧性的未来》。

4 笔者计算，贸易和 GDP 数据来自世界银行，碳排放数据来自全球碳计划组织。

格将激励企业提高能效，促进技术创新。计划前五年所征收的 10 亿多新加坡元的碳税收入将用于帮助企业投资节能和碳效技术。

新加坡政府于 2021 年下半年开始，就新加坡2023年后的碳税水平征求各方意见。在此基础上，新加坡财政部将在 2022 年预算案中制定计划，提高 2023 年后的碳税水平。2022 年初的最新预算指出，到 2030 年，碳税水平将逐步提高至每吨 50～80 新加坡元，以帮助实现该国的碳中和目标。

2.2.5　泰国——绿色碳汇与 MRV 系统

泰国承诺在 2030 年实现碳达峰，2065 年实现碳中和，并为实现这一目标制定了国家战略、长期规划和组织机构安排[1]。目前，其土地使用和林业部门的碳汇可抵消其20%多的碳排总量。随着 2018 年《泰国 20 年国家发展战略》的修订，泰国政府计划到 2037 年将全国森林面积增加到全国土地的 55%。

泰国高度重视碳数据的测量、报告和核查的作用。为有效实施、监测、报告和核实温室气体减排，泰国在国家和部门层面都建立了 MRV 系统。

在制度上，泰国在国家层面成立了温室气体减排措施工作组，重点推进温室气体减排措施和报告。工作组负责界定温室气体减排的评估标准，包括选择需监测的温室气体减排政策和措施、MRV 流程与结构、合适的温室气体减排方法和排放系数。

泰国在部门层面也设置了工作组和相关的执行机构，以测量各部门的碳数据。部门层面提出的措施和政策要向国家层面的气候变化知识与数据小组委员会报告并得到批准。国家气候变化委员会（NCCC）负责报告的最终审批，随后纳入《两年期更新报告》（BUR）和《国家信息通报》（NC）等国家报告中。

2.3　建议

基于上述分析和各国案例陈述，建议亚洲国家“全方位”整体构建绿色治理框架，根据各自国家的特征，设计本国的组织机构设置、市场基础设施、规划和政策。可参考以下实践经验。

2.3.1　组织机构设立

（1）中央政府加强规划，由高级别的领导小组负责国家层面的协调。明确牵头部门，保证部委间畅通沟通机制。

（2）建立中央与地方政府的协调机制。地方政府要响应中央政府的号召，并制定相应的目标、路线和地方政策。

（3）鼓励非政府组织的积极参与，它们可以作为咨询机构和研究机构，提出建议或行使问责/监督职能。

2.3.2　战略、规划和政策

（1）制定国家战略，为关键行业和部门，制定详细的近期、中期和长期脱碳路线。

（2）高度重视政策之间的协同作用很重要，需要在行政命令和市场机制之间取得平衡，以创造良好的激励机制。

（3）发挥好碳定价的重要作用，加强监管在解决数据标准化、行业分类和信息披露方面的重要作用。

（4）坚持全社会参与的方针，统筹碳减排、经济发展和社会包容。本着“公正转型”的精神，不能让弱势群体掉队。

2.3.3　基础设施

（1）建立全国性的 MRV 系统，作为标准化数据收集的基础，以促进更有效的碳价格发现。

（2）与国际数据披露标准接轨，促进强制性的数据披露。

（3）鼓励建设强制和自愿碳市场机制，促进区域碳市场之间的联接。

1　本案例研究以政策框架部分介绍的国家文件为基础。

第 3 章

为亚洲绿色转型融资

3.1 简介

本章探讨了如何有效利用金融工具、金融机构和金融市场，以更快、更广、更包容的方式为亚洲绿色转型调动资源。目前一些发展和变化意味着未来绿色项目的投资体量的增长。亚洲正涌现出一批新型金融工具和金融机构，绿色债券、绿色贷款和绿色银行以及专业平台和市场，如绿色证券交易所和基金等。同时，人们越来越重视在金融市场监管、评级机构和企业披露要求方面纳入环境和社会因素。

绿色金融为传统的金融产品和服务加入了新的内容，即追求投资的财务回报和环境的积极回报相统一。绿色金融创造了新的产品和服务，如绿色债券、绿色贷款、绿色基金和绿色银行，并动员传统金融机构致力于实现重要的环境目标。绿色金融还强调了混合融资的作用。在新兴市场和发展中经济体中，混合融资将优惠贷款和市场利率贷款结合起来，为可持续投资调动资本。

为了实现这些新产品和服务，需要新的数据和信息披露，以便更好地让投资者了解可能存在的金融和非金融风险。因此，环境、社会和治理因素对企业和金融部门的重要性显著上升。银行和金融监管机构及协会可以发挥关键的作用，支持新的立法，制定相应的监管规则，或促进绿色和可持续金融自愿标准的发展与成熟。虽然不同的经济体在发展绿色金融方面有不同的方法和经验，但为了借助绿色金融和风险规避型金融工具催化私人投资，国家发展融资机构（NDFI）和多边开发银行（MDB）是必不可少的。根据估算，大部分金融资源将来自私营部门投资，因此公私合作将是满足全球绿色需求的关键。

绿色金融产品将带来环境效益或减少破坏环境的活动，以促进可持续发展和循环经济。“绿色金融”经常与“可持续金融”和“气候金融”等概念互换使用。从严格意义上来说，可持续金融的概念比绿色金融更广泛。它不仅包括可持续发展的三个层面（经济、社会和环境），还包括关乎人类生存的所有方面，包括脱贫、生物多样性、性别平等、海洋（“蓝色金融”）和气候变化等等。绿色和可持续金融是《联合国气候变化框架公约》《巴黎协定》和包括 17 个可持续发展目标（SDG）在内的联合国 2030 年可持续发展议程等国际共识的一部分。因此，绿色金融的边界通常是可扩展的，涵盖了转型目标，确保实现广泛的经济、社会和环境可持续目标。

传统的环境挑战包括水和空气污染、自然资源枯竭、森林砍伐、用水和卫生条件变差、废物管理不当、对生物多样性的威胁等等。绿色金融还纳入了气候融资的内容，气候融资为各种减缓二氧化碳和其他温室气体（GHG）排放或帮助提高气候适应力的项目提供助力，对环境不造成其他有害影响。

本章强调绿色金融在支持亚洲绿色转型中的作用，回顾了已经采取的或正在酝酿的各项行动，并探讨了面临的困难以及潜在的创新解决方案。亚洲国家拥有全球 60% 的人口，其多样性和活力、不同的收入水平和经济发展阶段以及区域和国际合作的潜力构成了本章的基本分析。

尽管新冠肺炎疫情仍在肆虐，但全球仍在持续倡议绿色和可持续金融，这在格拉斯哥气候变化大会上展现了强劲的势头。绿色金融主流化与促进绿色复苏密不可分。面临沉重债务负担和社会经济巨大压力的经济体需要做出更多努力。亚洲在绿色转型中的角色对于全球从承诺到成功实施、促进生产和消费模式的重大甚至永久性改变、实现所有人的可持续的未来都至关重要。正如亚洲的成功经验所强调的，各个层面的公共政策指导和公私合作比以往任何时候都更加重要。

3.2　全球绿色金融的发展概况

3.2.1　概述

在新冠肺炎疫情肆虐全球之前，联合国发布的一份研究表明，与传统投资相比，绿色投资可以为每一美元的投资产生更多有助于促进就业和经济增长的社会利益。尽管全球经济和气候委员会 2018 年的一份报告显示，目前的分析模型存在缺陷，但报告仍然发现，到 2030 年与基线情景相比，富有气候雄心的行动可以产生 26 万亿美元的直接经济收益。[1]2020 年的一项研究借鉴了以往危机的教训及其对气候变化的影响，表明清洁能源基础设施与化石燃料相比，在短期内具有更高的就业乘数[2]。2021 年，格拉斯哥净零排放金融联盟（GFANZ）融资路线图估计，到 2050 年全球实现碳中和并避免气候变化带来最严重的影响需要约 125 万亿美元的投资[3]。

调动私人投资以实现《巴黎协定》的气候目标和可持续发展中改善人类福祉的目标至关重要，因此需要大幅增加私人投资（见图 3–1）。“从数十亿到数万亿”的迈进[4]将需要更合理地运用发展融资机构（DFI），即多边开发银行和国家发展融资机构，来催化私人投资。私人资本将主导大部分的气候投资。

据估计，在有利于绿色金融监管的全球环境下，到 2050 年实现碳中和所需资金的 70% 可以来自私营部门。根据“奔向零碳”倡议的估计，企业可以为低碳转型贡献大约 30% 的直接资本支出[5]。这为个人和机构投资者提供了巨大的机会，促进可持续增长的同时又获得积极的回报。[6]但这需要国家和监管机构采取强有力的措施，在全球和国家层面建立健全的市场机制和法规。这些努力不仅包括通过适当的衡量和披露来确保数据的完整性和透明度，还包括提高标准化程度和协调性以促进项目的可对比性。

公私合作对于制定规则、在项目层面支持实现可持续发展和碳中和的绿色金融方面

1 https://www.un.org/en/climatechange/raising-ambition/climate-finance.

2 Hepburn C, O'Callaghan B, Stern N, Stiglitz J, Zenghelis D. Will COVID-19 Fiscal Recovery Packages Accelerate or Retard Progress on Climate Change?. Smith School Working Paper, 2020. workingpaper20-02.pdf (ox.ac.uk).

3 https://www.gfanzero.com, https://www.gfanzero.com/netzerofinancing.

4 关于这一概念的早期用法，见报告《从数十亿到数万亿：2015 年后发展融资的转型：多边发展融资》（由发展金融机构的一个团队为 2015 年 4 月 18 日举行的发展委员会会议而编写的），以及全球发展中心于 2017 年发表的报告《从数十亿到数万亿：关于开发银行在调动私人资金方面作用的问题》。

5 https://www.gfanzero.com/netzerofinancing.

6 https://www.un.org/en/climatechange/raising-ambition/climate-finance.

都至关重要。多边开发银行和国家发展融资机构将在催化投资和提供创新解决方案以构建长期投资和带动私人资本方面发挥重要作用，并在必要时向发展中国家提供技术援助和政策指导。公共机构的催化作用对于弥合 2.5 万亿美元的年度资金缺口以实现可持续发展目标至关重要[1]，而 2.5 万亿美元还达不到全球金融市场规模的 1%。根据对混合融资潜力的估计，投资规模可以扩大 10 倍。但是，正如 COP26 所强调的那样，“从数十亿到数万亿”只有在更富有雄心的行动下才是有可能的。

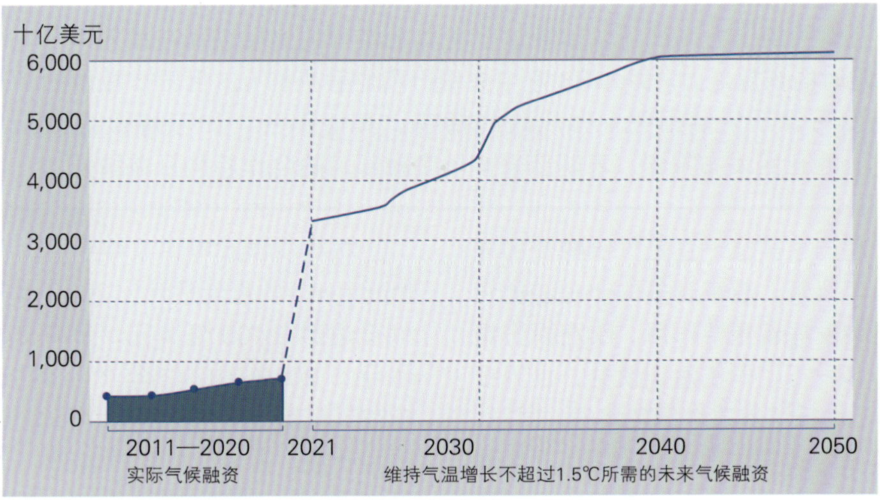

图 3–1　在全球范围内追踪的气候资金流和到 2050 年的年均气候投资需求测算

资料来源：https：//www.climatepolicyinitiative.org/publication/global-landscape-of-climate-finance-2021.

专栏 3–1　格拉斯哥气候峰会和绿色金融

在格拉斯哥举行的 COP26 强调了向低碳经济转型的紧迫性，也揭示出这样的事实：扩大和深化国际和国内行动以确保实现《巴黎协定》目标的关键需求虽然取得了相关进展，但仍存在巨大的缺口。

经合组织的估计显示，2019 年发达国家为发展中国家调动的气候资金为 796 亿美元，并没有达到在 2009 年承诺的 1,000 亿美元。在 COP26 上，各国同意制定一个全新的、更大的气候融资目标并在 2025 年后付诸实践。发达国家同意在 2025 年前将用于适应气候变化的资金至少增加一倍，届时将达到 400 亿美元。在国际碳市场方面，经过五年的谈判，各国政府就《巴黎协定》第 6 条的规则达成了协议。

在格拉斯哥净零排放金融联盟倡议下，45 个国家的 450 多家金融公司（共管理着超过 130 万亿美元的资产）承诺在 2030 年前使其投资组合实现碳中和的目标。它们承诺每五年审查一次碳中和目标，并每年报告其进展和融资项目的排放情况，以及扩大私人资本流向更多新兴和发展中经济体。

1　经合组织预测，发展中国家可能面临 17 万亿美元的额外资金缺口，使可持续发展目标的年度资金缺口从 2.5 万亿美元增加到 4.2 万亿美元，https://www.oecd.org/newsroom/covid-19-crisis-threatens-sustainable-development-goals-financing.htm。

国际会计准则机构——国际财务报告准则基金会宣布成立一个新的国际可持续发展标准委员会，为全球金融市场制定一致、更广泛的气候和可持续发展披露标准。为了衡量贷款、投资和承销与碳中和目标的一致性，与气候有关的金融信息披露工作组发布了关于衡量标准、目标和转型计划的指南。

超过 100 家中央银行已经承诺在金融部门开展环境和气候风险管理方面的经验和最佳做法的交流[1]。在这些国家中，有 38 个国家（占全球碳排放量的 67%）已经承诺进行与气候变化有关的压力测试，以审查这些世界上最大的金融公司在面对若干与气候变化有关的风险时的恢复能力。另外 33 家中央银行和监管机构（占世界排放量的 70%）已承诺向企业发布管理气候相关金融风险的指南。其他平台，如可持续银行和金融网络（SBFN）[2]，也已经发布报告，表明新兴市场金融部门的合作趋势日益增强。

政府和超国家实体一直是气候融资的先行者，但多年以来，越来越多的非金融类企业和金融机构发挥着重要作用。欧洲投资银行在 2007 年发行了气候意识债券，世界银行在 2008 年发行了其首个绿色债券。同时，自 1992 年联合国里约地球峰会后成立全球环境基金（GEF）以来，一系列专门的多边基金和机制得以设立，如绿色气候基金（GCF）、气候投资基金（CIF）、全球绿色增长研究所等各类技术援助项目涌现，国际合作蓬勃发展。时至今日，环境、社会和治理已经成为多边开发银行、金融机构、投资者和金融市场的主流理念。

根据气候政策倡议组织（Climate Policy Initiative）的最新估计[3]，2020 年气候融资总额已达到 6,400 亿美元，是有史以来的最高水平（2019—2020 年的平均投资额则为 6,320 亿美元）。东亚和太平洋地区拥有最高的投资额，占全球总量的 46%。亚洲的气候融资占全球总额的 50%左右（见表 3-1），西欧为 17%，美国和加拿大为 13%。在拉丁美洲和加勒比地区，超过 54%的气候资金来自国际市场；而在东亚和太平洋地区，超过 92%的气候资金来自本国市场。在全球范围内，51%的气候融资（3,230 亿美元）来自公共资金，49%（3,090 亿美元）来自私人资金。

表 3-1　2019—2020 年来自公共部门和私营部门的气候融资（按资金流向划分）的平均值

地区	公共部门气候融资/十亿美元	私营部门气候融资/十亿美元
美国和加拿大	4	79
拉丁美洲和加勒比地区	18	17
西欧	43	62
东欧和中亚	20	13

1 中央银行和监管机构绿色金融系统网络（NGFS）。

2 SBFN 由国际金融公司（IFC）推动，汇集了来自 45 个新兴市场（EM）的 68 个监管机构和行业协会，占新兴市场银行总资产的 86%。

3 2021 年全球气候融资景观. 2021-12-14. https://www.climatepolicyinitiative.org/publication/global-landscape-of-climate-finance-2021.

续表

地区	公共部门气候融资/十亿美元	私营部门气候融资/十亿美元
中东和北非	9	7
南亚	19	11
撒哈拉以南非洲	17	2
东亚太平洋地区	180	113
大洋洲	1	8
跨国机构	11	–

资料来源：气候政策倡议组织。

发展融资机构占公共投资的大部分，而私人投资[1]则由企业主导（见图 3–2）。气候融资使用多种不同的工具，大部分资金（61%）采取债权形式，大约三分之一是股权，还有一小部分是赠款（6%）。大部分的资金都用于减缓气候变化。公共部门几乎提供了所有的适应气候变化的资金。在 2019—2020 年平均只有 14% 的公共部门资金用于适应气候变化的项目。

绿色债券一直是金融市场绿色金融革命的前沿阵地。近年来，“绿色债券”已经发展为一个标签系统，包括绿色、社会、可持续、

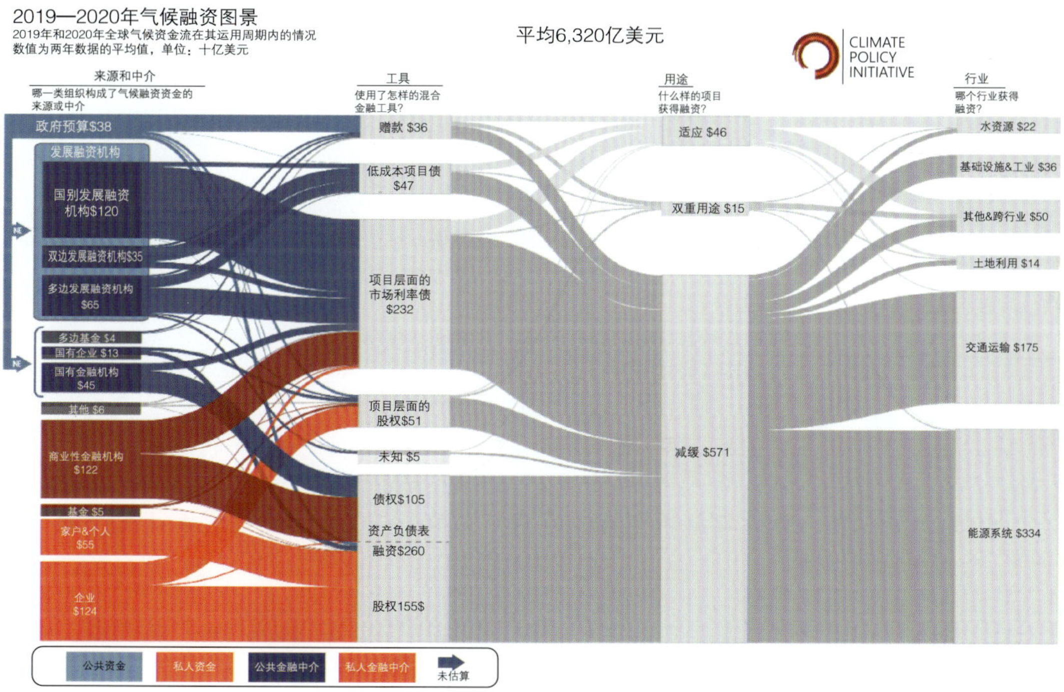

图 3–2　2019—2020 年气候融资状况

资料来源：气候政策倡议组织。

1《全球气候融资状况》，2021 年 12 月，气候政策倡议组织。两年平均数：按来源平均的数据。2019—2020 年数据加起来不到 323 个，因为省略了占约 70 亿美元的 3 个类别（多边气候基金、公共基金和出口信贷机构）。

过渡和可持续性挂钩的工具（GSSS）。[1]标签化工具的发行要求公共和私人部门的发行机构建立 ESG 框架，以及适当的审查和报告程序，这通常涉及第二意见提供者。

根据气候债券倡议组织（CBI）的数据，如果考虑到整个贴标债券或 GSSS 债券的范围，每年的发行量已经从 2015 年的 660 亿美元，增长到 2018 年的 2,310 亿美元，以及 2021 年的 9,230 亿美元。2006—2021 年期间，GSSS 标记债券的发行量累计达到 2.7 万亿美元。绿色债券仍然是这一领域的最大部分，2021 年占 51%（2015 年为 70%，2017 年为 84%，2020 年为 40%）。绿色债券的发行量在 2021 年达到 4,710 亿美元，到 2021 年底累计达到 1.6 万亿美元[2]，其中约 73%进入发达国家市场，约 20%进入新兴市场。亚太地区一直是新兴市场中最大的绿色债券发行者，到 2021 年底，其发行量占全球累计总量的 22.6%[3]（见图 3-3）。全球累计发行量以硬通货为主（欧元占 41%，美元占 32%），新兴市场货币只占一小部分（人民币占 9%）。在亚洲，人民币是最大的绿色债券发行货币，累计占 39%，随后依次是美元（29%）、欧元（9.5%）、日元（6.5%）。

3.2.2　气候相关的标准设定

随着金融市场越来越多地将环境、社会和治理因素纳入投资，洗绿[4]正在成为一个关键问题，这需要监管部门的审查和标准的制定，包括适当的披露和报告。未来这可能成为强制性的标准，将影响所有涉及绿色金融的金融和非金融机构。

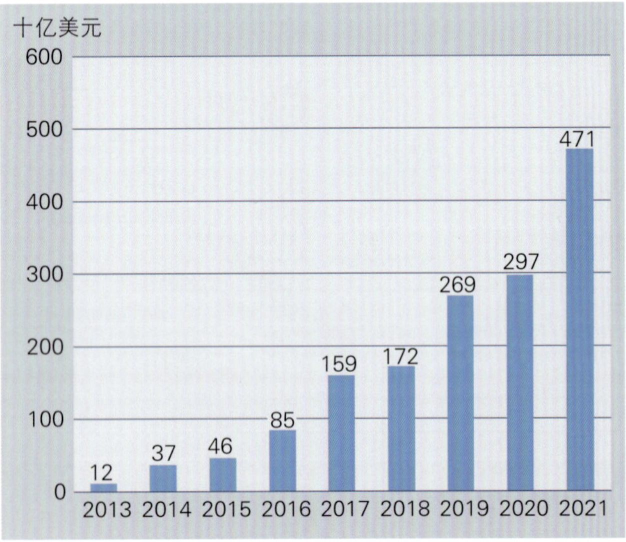

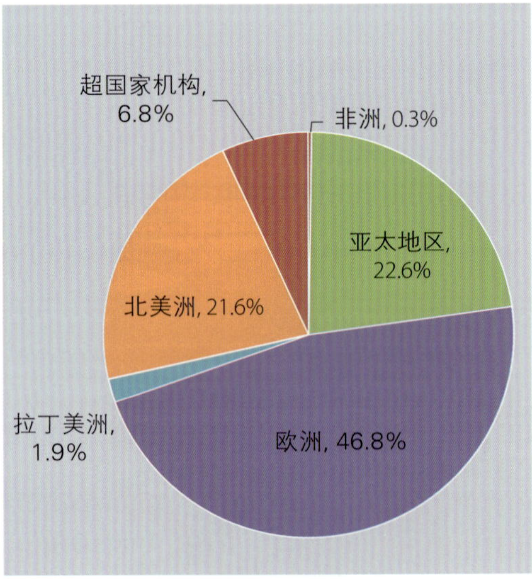

图 3-3　2013—2021 年绿色债券发行量和 2007—2021 年各地区累计发行量

资料来源：气候债券倡议组织。

1 前三类是指将收益直接用于相关项目，而可持续性挂钩的债券涉及建立目标，其表现被跟踪，作为检查是否符合原始目标的一种手段，这可能需要以较低的票息形式进行财务激励。

2 CBI 数据库，可在 https://www.climatebonds.net/cbi/pub/data/bonds，跟踪自我标示的绿色债券，根据 CBI 方法的筛选标准。所有 CBI 收集的绿色债券数据都是将 100%的净收益用于资助绿色/环境项目，并与 CBI 分类法保持一致。本报告中披露的 CBI 数据截至 2012 年 1 月 21 日，在撰写本报告时仍在进行最后核查。绿色债券的数据只包括收益 100%经过筛选的债券。社会和可持续发展工具的数据包括债券和贷款，其方法尚未公布，但是否纳入只取决于交易的标签。

3 数据来自 CBI，且仍在进行最终审查。

4 洗绿金融工具意味着对金融产品或工具的环境、社会和治理特征或要素制造虚假印象或提供误导性信息

在债券市场方面，国际资本市场协会推荐的绿色债券原则是投资者和发行人的主要参考依据之一，还有气候倡议债券标准和 CBI 分类法。它们为绿色项目提供了高水平的分类标准，通常需要根据不同的项目和区域或国家环境，通过定义和分类法来完成。

欧盟已经建立了欧洲绿色债券标准，并在 2020 年 6 月发布了欧盟分类法。2015 年，中国人民银行发布了第一个关于绿色债券的项目目录，并开始与其他监管机构协调。2021 年 5 月，中国人民银行发布了绿色债券认可目录的更新版本，为中国的绿色市场提供了统一的监管，包括强制性措施。目前，欧盟和中国正在协调框架，并制定一个通用的分类标准。日本环境省也已经发布了绿色债券指南。2021 年，东盟可持续金融分类标准（第一版）发布，为符合条件的绿色投资建立了衡量标准和门槛。[1]其他新兴市场和最不发达经济体也一直在积极推动绿色金融的发展。

与气候有关的物理和转型风险也得到了全球金融当局的认可，例如七国集团和二十国集团的中央银行已经开始通过压力测试和情景构建将气候风险纳入分析。致力于监督和管理全球金融体系的多边金融机构，如金融稳定理事会（FSB）、国际证券委员会组织（IOSCO）、国际清算银行（BIS）和绿色金融体系中央银行和监管机构网络（NGFS）一直在推动新的披露标准。从 2017 年到 2021 年底，NGFS 的成员已从 8 个扩大到 105 个，还有 16 个观察员。金融稳定理事会成立的与气候有关的金融信息披露工作组已于 2017 年发布了建议。IOSCO 的可持续发展标准委员会在 2021 年宣布成立。

在激励方面，例如，印度储备银行有一个优先部门贷款计划，包括可再生能源等部门都是该计划的目标部门。同时，中国人民银行在 2021 年 11 月宣布了一项减碳贷款机制，商业银行可以以优惠利率，向企业提供高达 60% 的贷款本金，用于有针对性的绿色贷款。[2]

3.2.3　更加绿色的产品和服务

从系统的角度来看，创新的金融工具、去风险机制和混合融资的发展已经成为在全球范围内以实现《巴黎气候协定》和可持续发展目标所需的规模和速度调动资源的关键工具和方法。

绿色金融的资本市场解决方案也在发展，包括在商业银行和其他金融机构内。绿色或可持续证券交易所便是一个例子（见专栏 3-2）。

专栏 3-2　绿色交易所的作用

交易所在金融市场中发挥着独特的作用（见表 3-2）。它们提供集中的、受监管的和透明的市场，为发行人提供充足的资金池。同时，投资者也受益于更高的透明度、数据获取和流动性。至少有 25 家传统交易所有专门的绿色或可持续债券交易区，其中 7 家在亚洲。亚洲的交易所为促进可持续投资产品所采取的举措如下。

2020 年 12 月，香港交易及结算所（HKEX）推出了亚洲第一个多资产可持续投资产品平台——持续和绿色交易所 STAGE。STAGE 的核心是一个在线产品库，提供可持续金融产品的访问和透明度，包括各行业发行人的可持续性、绿色和转型工具。

2016 年，上海证券交易所（SSE）和深圳证券交易所（SZSE）宣布了绿色债券试点计划。2020 年 9 月，深圳证券交易所推出了中国第一个绿色治理指数（CACG）。上交所的子公司 CSI 也在 2020 年 12 月发布了 CSI ESG 评级方法。除考虑国际惯例外，该方法

1 https://asean.org/asean-sectoral-bodies-release-asean-taxonomy-for-sustainable-finance-version-1.
2 https://greencentralbanking.com/2021/11/10/pboc-launches-targeted-green-lending.

还关注中国的实际情况和特点。

2020 年 12 月，在其新推出的平台 SGX First 下，新加坡交易所（SGX）宣布投资 2,000 万新元，多管齐下地扩大其可持续发展能力和举措。这包括以 ESG 为重点的产品、服务和平台，以及金融生态系统的能力建设，加强内部能力和增加 CSR 承诺。

泰国证券交易所（SET）正在开发一个 ESG 数据平台，以促进发行人的可持续性披露，同时促进数据用户对 ESG 数据的使用。

表 3–2　部分亚洲和全球交易所的 ESG 相关平台[1]

交易所	专用信息平台	地理位置	按资产类别划分的产品	加强信息披露种类
香港交易所	STAGE	亚洲	债券、交易所交易产品	债券：外部审查 交易所交易产品：投资策略
日本证券交易所	Sustainability Webpage	日本	指数、交易所交易产品、基础设施基金、绿色社会责任基金	债券：外部审查 交易所交易产品：标的资产名字、指数构建方法
伦敦证券交易所	Global Sustainable Investment Center	全球	债券、交易所交易基金	绿色公司名单 债券和外部审查名单（未公开）
卢萨卡证券交易所	LGX	全球	债券、基金	债券和基金：外部审查 价格和交易信息 发行人 ESG 测度指标（非公开）
新加坡证券交易所	FIRST	亚洲	债券、股票（指数衍生品）、大宗商品、指数	外部审查（债券） 发行人 ESG 评级 指数和指数衍生品概况
上海证券交易所	Green Securities	中国	指数、债券（包括资产抵押债券）、交易所交易基金	指数、债券、资产抵押债券和交易所交易基金名单

资料来源：香港交易所研究论文。

3.3　亚洲绿色资金和金融市场的现状

受各国经济规模、金融和资本市场的成熟度和开放度以及政府的政策指导方面的差异，亚洲绿色金融格局和监管模式呈现多样化特征。亚洲有绿色金融的先行者，如中国、日本和韩国。政府和区域性多边机构一直致力于利用绿色金融的潜力来保持或释放高增长率，并推动摆脱贫困。亚洲拥有世界上一些最具活力的经济体，其高投资率和结构转型揭示了新商业模式和公私合作的巨大潜力。同时，鉴于亚洲大多数发展中经济体的增长模式一直是资源和碳密集型的，而且许多亚洲国家极易受到气候风险的影响，因此，将经济增长和可持续发展结合将面临巨大挑

1　香港交易所研. 交易所平台在发展投资产品生态系统和推动绿色可持续金融方面的作用. 2021.

战。[1]在“奔向零碳”路线图估计的 32 万亿美元的近期（2021—2030 年）投资需求中，亚太地区的需求最大，为 13.6 万亿美元[2]。正如区域专家提出的那样，“在亚洲，金融可能是应对气候变化最有效的武器”。[3]

在过去的几年里，亚洲的交易所已经做出了巨大的努力，强制要求公司进行 ESG 披露。在 2022 年初，联合国可持续证券交易所（UN SSE）倡议的 111 个交易所成员中有 22 个来自亚洲。另外，该地区的中央银行已经通过了激励绿色债券和绿色贷款的法规，许多银行已经或即将发布分类标准。亚洲的绿色债券市场在蓬勃发展，但仍然高度集中。虽然在亚洲只有少数几个主权绿色债券的发行者，大多数亚洲国家仍然可以运用这一资金来源。

2021 年，各国都采取了许多积极的措施，如在 COP26 上成立了一个新的国际可持续发展标准委员会（ISSB），为气候和其他 ESG 事项的披露制定全球性的标准；联合国秘书长宣布将成立一个“专家组”，为衡量和分析非国家行为者的碳中和承诺提出明确标准；格拉斯哥净零排放金融联盟的成员承诺调动私人资本；可持续金融国际平台（IPSF）制定了一个共同分类标准。然而，为了推进亚洲的可持续金融生态系统，监管者、投资者和行业利益相关者之间更多的合作是必不可少的。

亚洲的 ESG 投资潜力巨大，需要加快进展。根据《全球金融稳定报告》，亚洲拥有近 2,000 只基金，管理着 8,500 亿美元资产（AUM）投资于 ESG 战略。在日本政府养老基金和保险公司的推动下，ESG 已经成为该国的投资主流。日本是全球第三大 ESG 投资市场，管理着 2.2 万亿美元的资产。调查显示，在中国香港这个世界级金融中心的 660 家持牌资产管理公司中，只有 35%的公司在其决策中持续考虑 ESG 因素，而且 ESG 主题基金[4]只有 20 只。但亚洲正在积极改变这种局面，例如中国香港金融管理局承诺支持联合国的负责任投资原则；新加坡金融管理局为加快当地绿色生态系统的发展而进行了 20 亿美元绿色投资等。

对于低收入国家，根据 SBFN 2021 年的一份报告，孟加拉国、尼泊尔和蒙古国等国的绿色金融势头强劲，与更成熟的市场同步[5]。这些国家以及柬埔寨和巴基斯坦等国已经建立起国家可持续金融框架，其中一些国家正在努力制定可持续金融路线图，以减少市场风险并吸引绿色资金流入。总体来说，尽管取得了进展，亚洲低收入国家仍面临挑战，需要进行能力建设，并为绿色和可持续金融创造一个有利的环境。本报告建议鼓励利益相关者广泛参与，以帮助制定适合的政策、定义和标准；为银行提供额外的指导，推进能力建设；并尽可能地利用国际支持和资源。

尽管如本章所述，亚洲在推动绿色和可持续金融方面取得了国家和地区层面的进展，但除了一些领先国家外，亚洲金融机构对国际可持续发展倡议的参与程度仍然较低。根据联合国支持的负责任投资原则（UN PRI）2021 年的年度报告，在联合国支持的负责任投资原则的 614 个资产所有者签署者中，[6]只有 53 家来自亚洲（中国 20 家；日本 23 家；亚洲其他国家 10 家），来自中

1 例如，缅甸、菲律宾、孟加拉国、越南和泰国是 2000 年以来世界上受影响最大的国家。

2 中国 8.2 万亿美元，印度 2.5 万亿美元，日本 0.8 万亿美元。

3 马骏博士，https://www.unpri.org/pri-blog/in-asia-finance-may-be-the-most-effective-weapon/5495.article。

4 链接同上。

5《必要的雄心》：低收入国家如何采用可持续金融来应对贫困、气候变化和其他紧迫的挑战。

6 https://www.unpri.org/pri/about-the-pri. Access on February 24th, 2022.
https://dwtyzx6upklss.cloudfront.net/Uploads/y/o/i/pri_annualreport_2021_web_346706.pdf.

国的签署者数量增长最快。在 GFANZ 的净零资产管理人倡议（NZAM）中，217 家公司中只有 15 家是亚洲的，日本占比最大。NZAM 是 GFANZ 倡议中最大的一个，但在所有 GFANZ 倡议成员中，只有 6.4%来自亚洲。事实上，亚洲债券发行量的回升是由政策推动的，因为各国政府都在努力实现商定的气候目标。来自政府的压力预计也会推动私营企业更多地参与到绿色金融市场中[1]。

亚洲证券业与金融市场协会（ASIFMA）关于亚洲 ESG 和可持续金融的数据挑战和机遇的研究，概述了对发展和扩大可持续金融至关重要的八项关键建议，包括：（1）基于原则的全球（或区域）分类法；（2）更一致的披露标准；（3）对 ESG 的衡量和分析采取更全面、更有力的方法；（4）对创新和技术的政策和监管支持；（5）对教育和技能的支持；（6）对环境、社会和治理评级提供者采取更高的标准和问责制；（7）协调环境、社会和治理标准和框架；（8）在公共和私营部门之间继续保持伙伴关系和开展对话[2]。

亚洲在新兴市场地区中拥有最大的绿色债券发行量。如图 3-4 所示，2019—2021 年的亚洲国家样本中，中国累计发行量占样本总和的 57%，其次是日本（14%）、新加坡（8%）和韩国（8%）。印度和印度尼西亚等国家也在不断增长。

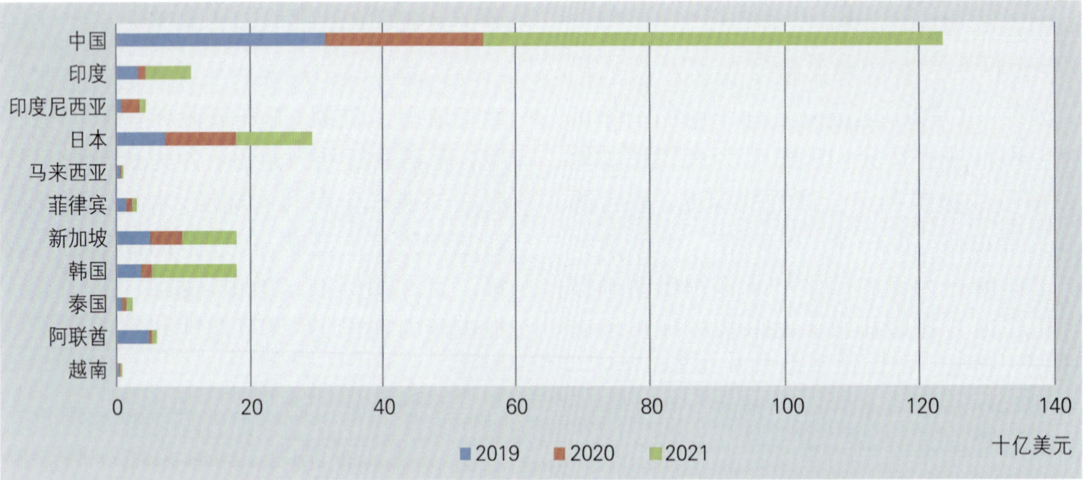

图 3-4　2019—2021 年亚洲部分国家绿色债券发行量

资料来源：气候债券倡议组织。

尽管 2021 年绿色金融的发展势头强劲，但债券市场仍有较大潜力尚待挖掘。绿色金融市场的定价不一致和信息不对称是投资者面临的主要问题，他们也越来越关注发行人的信用度和“洗绿”问题。尽管如此，机构投资者仍然经常瞄准 ESG 评级较低的新兴市场债券，以寻求更好的回报，尤其是在发达经济体市场收益率超低的时代。因此，监管措施和标准化对于确保合规项目的充足资金水平至关重要。最近发布的东盟可持续金融分类标准和过去五年中国围绕绿色债券认可项目目录所做的努力，以及更广泛的分类标准的实施，是减少投资者担忧的重要步骤。目前，亚洲大部分绿色债券的预期回报率并

1 汇丰银行. 绿色债券展望报告. 2022.

2 https://www.asifma.org/wp-content/uploads/2020/12/asifma-fosda-esg-and-sf-data-challenges-and-opportunities-in-asia-f20201221c.pdf.

不低于普通债券，因此投资者不需要支付“绿色溢价”[1]。

专栏 3-3

蓝色金融分类法

在联合国可持续发展目标、可持续海洋原则、国际资本市场协会（ICMA）绿色债券原则的基础上，并参考中国山东省的区域特点，青岛银行和国际金融公司（IFC）共同制定了全球首个蓝色资产分类标准。蓝色资产分类标准定义了由蓝色金融和蓝色债券支持的 7 个主要行业中 37 个子行业的合格活动。它们包括：（1）清洁水供应和水处理；（2）循环经济和海洋塑料污染处理；（3）可持续渔业；（4）海洋友好型生物制造；（5）绿色航运和港口物流；（6）海洋生态恢复和可持续旅游；（7）海洋可再生能源。

绿色金融的应用前景面临障碍，因为新兴市场发行人的融资成本通常较高，在几个较小的新兴市场或发展中经济体中，金融市场不发达且缺乏专业知识。多边机构在这方面发挥了作用，它们传播技术知识，充当固定投资者，并支持风险分散。

案例 3-1

中国和越南的 GSSS 市场

近年来，全球绿色、社会、可持续、转型、与可持续发展相关的债券市场（GSSS）的增长是巨大的。中国的经验表明，即使是世界第二大经济体，政策指导对于发展绿色金融市场也是至关重要的。越南的案例强调技术合作对发展绿色金融监管的重要性。

2014—2021 年，中国的绿色债券规模有了显著的增长[2]，从 2 亿美元（2014 年），到 558 亿美元（2019 年），再到 975 亿美元（2021 年）（包括在国内和国外发行的绿色债券）。这一增长是由非金融类公司推动的，如能源和消费品领域的公司，以及政府支持的实体公司，它们已经超过了金融机构，成为最活跃的绿色债券发行者，以支持国家在 2060 年之前实现碳中和的承诺。图 3-5 为中国 2016 年至 2021 年第三季度 GSSS 债券的发行量。新冠肺炎疫情对绿色金融领域产生了重大影响，但 2020 年的下降部分主要是由于中国社会债务的增加，其金额达到 690 亿美元。

中国市场上的绿色债券包括：功夫债券（以美元计价，在境外发行，市场份额约为 68%）、点心债券（以人民币计价，在中国香港发行，市场份额约为 37%）和熊猫债券（以人民币计价，由外国/海外发行人在中国发行）。在绿色债券中，根据气候债券倡议组织的绿色定义，低碳交通仍然是最重要的领域（30%），其次是能源（29%）。

中国在 2021 年启动了一系列绿色债券改革（见表 3-3），可以帮助国内发行人，使其发行的绿色债券对外国投资者更具吸引力。作为政府协调的一部分，越来越多的中国绿

1 有证据表明，在亚洲绿色债券的定价与传统债券一致，这与欧洲不同，欧洲的投资者似乎通过收紧利差为绿色债券支付更多费用（见 https://asia.nikkei.com/Spotlight/Market-Spotlight/Green-bonds-grow-on-Asia-s-investors）。最近的研究表明，在以欧元计价的债务中，二级市场存在绿色溢价（见 Meyer S 和 Henide K，IHS Markit 寻找“Greeniuum”，2020）。

2 https://www.climatebonds.net/market/data.

色债券发行人遵守国际标准。例如，在 2021 年上半年，中国公司在国内外发行的绿色债券中，约有 58%与 CBI 标准一致。为了增强投资者的信心，中国监管当局还发布了第三方认证机构条例草案，以及上市公司环境和风险披露指南，同时推动国内外绿色分类标准的统一。[1]

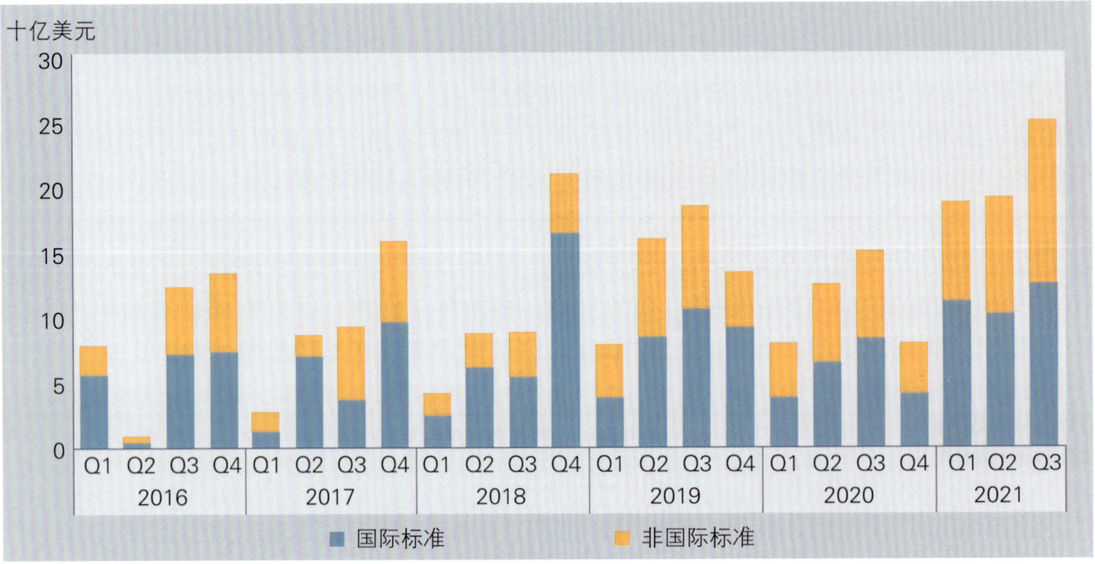

图 3-5　2016—2021 年中国的 GSSS 债券发行量

注：数据于 2021 年 10 月 12 日编译，2021 年为前三个季度的数据。数量包括符合国际标准的债券和只符合当地标准的债券。与国际接轨的绿色债券仅限于那些至少 95%的收益被指定用于符合气候债券分类标准的绿色项目的债券。

资料来源：气候债券倡议组织。

表 3-3　2021 年中国主要绿色金融政策发展情况

政策工具	影响
新的《绿色债券认可的项目目录》	《绿色债券认可的项目目录（2021 版）》发布，新版目录吸收了公共意见征询期间收集的建设性反馈意见，并统一了国内绿色标准
中国银保监会发布 ESG 风险管理要求	《关于促进银行保险业高质量发展的指导意见》明确指出要发展绿色金融
上海证券交易所公布绿色公司债券新规	绿色公司债券募集的资金应不少于 70%用于绿色项目，并制定了包括环境效益目标在内的额外信息披露要求
中国生态环境部启动《国家排放交易计划法》草案的公众咨询	该法律草案首次将国家排放交易计划与碳达峰和碳中和目标联系起来

1 https://cleanenergynews.ihsmarkit.com/research-analysis/chinese-regulators-set-esg-disclosure-rules-as-financiers-eye-.html.

续表

政策工具	影响
中国证监会在上市公司的投资者关系管理中纳入 ESG 信息	现在需要提供与 ESG 相关的信息
粤港澳大湾区的绿色金融标准和绿色债券市场发展	中国正在加快统一大湾区绿色金融标准和绿色债券市场
五部委联合推动气候投融资	《关于促进气候投融资的指导意见》发布，营造有利于气候投融资发展的政策环境，制定气候投融资的标准
绿色债券被纳入新的《银行业存款类金融机构绿色金融绩效评价方案》中	修订《银行业存款类金融机构绿色贷款绩效评价方案（试行）》

2020 年，越南债券市场规模占其 GDP 的 47.8%[1]，主要归因于政府债券（28.3%）和公司债券（17.1%）。该国有两个证券交易所：胡志明证券交易所（HOSE）和河内证券交易所（HNX），两个证券交易所都有债券上市。

在胡志明市和头顿市于 2016 年首次发行市政绿色债券（分别为 2,500 万美元和 400 万美元）后，公共部门便没有再发行绿色债券。在私营部门方面，尽管该国的绿色债券市场处于初期阶段，但私营部门的公司在通过绿色债券渠道探索可持续融资方面已经取得了相当大的进展。GGGI 在 2020 年进行的一项涵盖 20 家当地商业银行的市场调查表明，缺乏政策指导是希望进入绿色债券市场的市场参与者最常见的困难和障碍。[1]

2020 年底，越南国会通过了《环境保护法》，确定了该国"绿色"部门的定义与标准，这是越南为"绿色"项目制定国家分类法的重要一步。为了优化有利于越南绿色债券市场发展的政策环境，GGGI 正在与越南财政部（VMOF）合作，在越南绿色债券准备计划中为市政和企业绿色债券的发行制定指南。

2021 年，私营部门采取了相关具体措施，进入国际绿色债券市场。2021 年 5 月，BIM Land JSC 发行了 2 亿美元的绿色债券；2021 年 9 月，Vinpearl JSC 发行了价值 4.25 亿美元的可交换可持续债券（ESB），这两个公司绿色债券发行即证明了这一点。这两只债券都获得了国际投资者的购买，并且都在新加坡交易所（SGX）上市。

1 VMOF，VBMA. 越南债券市场 2020 年度报告. 2021. https://www.vbma.org.vn/storage/reports/September2021/Bao-cao-thuong-nien-2020_22.9.pdf.

3.4 混合融资及 DFI 和 MDB 在绿色金融中的角色

3.4.1 亚洲混合融资

混合融资工具将大部分公共优惠资金与其他金融工具相结合，主要是赠款、贷款、担保和技术援助，以吸引私人投资，实现特定的国家或项目级目标。[2]它们关注与绿色和可持续技术和基础设施相关的特定风险和回报，并允许调动来自发展融资机构、商业银行、资本市场、基金和其他私人部门的合作成果和技术知识（见图 3–6）。[3]

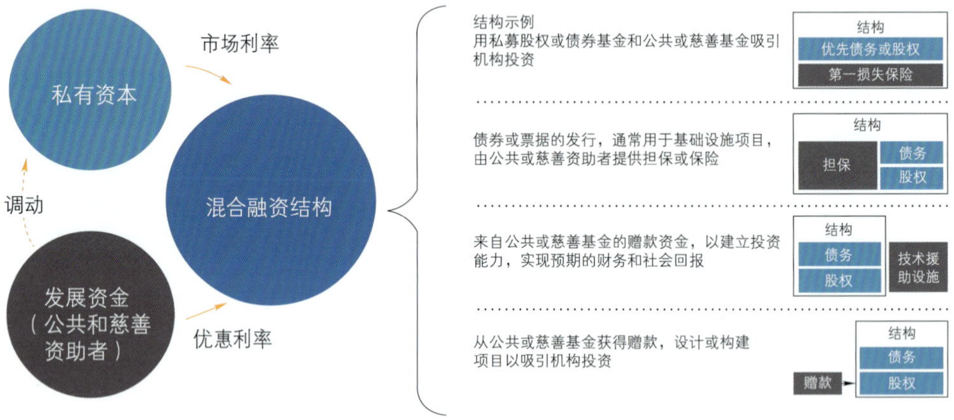

图 3–6 典型的混合融资机制和结构

资料来源：《2021 年混合金融状况》。

根据全球混合融资网络的测算，从 2010 年到 2021 年，全球年平均混合融资额已增至 90 亿美元，尽管在 2020 年下降到 45 亿美元。基金是最常见的混合结构，占 2020 年所有交易额的 35%，而 MDB 和 DFI 是最主要的投资方，占 2018—2020 年所有金融机构融资承诺的 35%和融资额的 54%。亚洲已成为混合融资日益重要的目的地，占 2020 年交易额的 36%，东亚和太平洋地区以及南亚分别占 17%和 19%（见图 3–7）。2018—2020 年参与混合融资的主要国家包括印度、印度尼西亚、越南和缅甸[4]。

该数据与经合组织 2020 年基金和设施调查（Funds and Facilities Survey）结果高度吻合，该调查发现 36%的混合融资工具集中在亚洲。经合组织对混合融资的定义是“战略性地利用发展融资，为发展中国家的可持续发展调动额外资金”，“额外资金” 主要是指商业融资。因此，重点在于调动商业资金，而商业资金此前尚未大规模用于与发展用途的项目，将为发展类项目提供新思路。此外，通过更有效和精准的风险评估，混合融资可以有助于市场建设，成为一种加速可持续发展投资的资产类别。

1 GGGI. Market Survey: Potential of Green Bond in Vietnam. 2020. [2022–01–01]. https://gggi.org/ report/market–survey–potential–of–green–bond–in–viet–nam.

2 资料来源：climate bonds.net，汇丰银行。

3 Convergence 是一个混合融资网络，有 200 多名成员，是迄今为止最大的混合融资交易库。见《2021 年混合融资状况》。https://www.convergence.finance/blended–finance/2021。

4 资料来源：The State of Blended Finance 2021, p. 20.

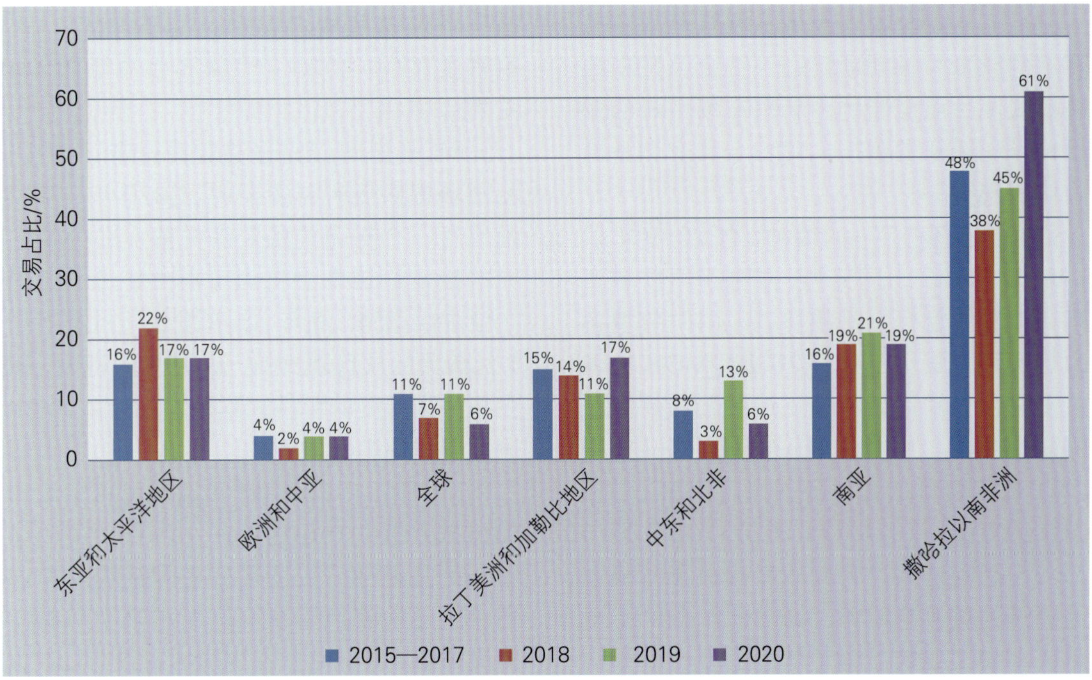

图 3-7　2015—2020 年已完成的混合融资交易各地区占比[1]

案例 3-2　蒙古国绿色金融公司

蒙古国绿色金融公司（MGFC）是首个由 GGGI 发起的完全资本化的国家融资工具（NFV）。MGFC 旨在为家庭和企业提供绿色、可负担、性别平等的融资，促进其完成低碳技术转型，改善政策环境，并提高利益相关者的能力和意识。MGFC 旨在成为高效和战略性的关键融资工具，为气候变化缓解政策及其措施提供资金，从而支持蒙古国政府实现其 NDC 提出的温室气体减排目标和国家绿色发展政策（NGDP）。根据蒙古国政府（1,800 万美元）、国内私人银行（500 万美元）和绿色气候基金（2,700 万美元）提供的资金，MGFC 于 2020 年 11 月实现了初始的 5,000 万美元的资本目标。有效的共同融资是 GCF 融资提案的主要要求之一，MGFC 指导委员会委托 GGGI 维护共同投资者关系，这有赖于 GGGI 与所有共同投资者在过去五年中的充分互动和沟通。

3.4.2　MDB 对气候融资的贡献

发展融资机构（DFI）是对气候融资贡献最大的全球公共部门，2019—2020 年平均占公共部门融资总额的 69%左右，或占气候融资总额的 35%。在 DFI 领域中，MDB 扮演着特殊的角色。尽管 MDB 在气候融资中的直接份额很低，约占 2019—2020 年度融资总额的 10%，但它们有潜力调动额外的资源，提供技术和政策建议，并分享研究成果[2]。MDB 的商业模式允许新兴市场、发展中经济

1 资料来源：The State of Blended Finance 2021, P.19.

2 自 2015 年以来，MDB 已从私营部门筹集了超过 1,000 亿美元的气候共同融资。2020 年，来自公共和私人来源的低收入和中等收入国家的气候共同融资达到 360 亿美元。见“Collective Climate Ambition—A Joint Statement at COP26 by the Multilateral Development Banks, 5 November 2021”。

体（EMDE）或低收入经济体以低于本国市场利率的成本为长期项目融入资金。MDB 的传统模式催生出全新的由新兴市场主导的亚洲机构，如新开发银行（NDB）和亚洲基础设施投资银行。

依据《巴黎协定》的精神，自 2019 年以来，MDB 加强了协同努力，加强了气候融资和可持续发展目标之间的协调，同时尊重各自的目标和方法。在 COP26 上，MDB 发表了关于联合气候计划和公正过渡五项高级原则的联合声明。[1]根据 MDB 长期战略支持原则，MDB 正合作加强对各国拟定 NDC、LTS 和国家适应计划（NAP）的支持。MDB 还与客户合作制定计划，将向净零排放和气候适应性经济的过渡与能源、城市、粮食、土地使用、水和工业等关键领域的发展计划相结合。MDB 优先制定成本高效和兼顾公平的方法来使煤炭和其他高温室气体排放系统逐渐退出使用，并兼顾社会经济均衡。

MDB 越来越多地参与并改进现有融资工具并开发创新解决方案，以提供适当的风险分担和加强投资者之间的协调，以确保绿色和可持续项目的可融资性。

MDB 利用其在气候问题上的专业性，以及 MDB 提供的规模经济和潜在的共同融资可以催化、共同融资和引导外部气候融资。这些资源包括双边的信托基金以及专业的全球气候基金比如 GEF、GCF 和 CIF[2]。然而，这些气候资金所占比例远小于 MDB 的自有资金，仅占 2020 年气候资金总额的 4.4% 左右。

MDB 还可以充当锚定投资者，为投资者和市场提供更有利的渠道。2020 年，亚投行批准对一个封闭式私人信贷基金进行 1 亿美元的投资，该基金将为可再生能源领域的小企业提供融资。同年，新开发银行批准了一个 1 亿美元的项目以支持一个基金的基金，该基金将促进印度的可持续基础设施落地，其中部分用于绿色基础设施。

MDB 还将资源用于改善项目准备工作和加强技术援助，包括旨在发展可持续和绿色金融的金融部门的项目。各国经济及其自身的金融环境和风险状况仍然是吸引私有投资的最重要决定因素。在这总体背景下，正如本章前面所讨论，混合融资作为一种利用 MDB 资源的工具也逐渐得到重视。根据其成员的要求和授权，MDB 还可以在核实脱碳目标、帮助制定分类标准和建立碳市场方面发挥作用。

最后，MDB 还可以充当思想引领者、标准制定者和推动者。例如，泛美开发银行的绿色债券透明平台（Green Bond Transparency Platform）旨在支持绿色债券发行的协调性和标准化，减少信息不对称（见专栏 3-4）。亚洲开发银行主导的 AsianBondsOnline 也在其专门针对亚洲新兴债券市场的门户网站上，添加了可持续债券。

专栏 3-4　来自其他大陆的观点：绿色债券透明平台

2021 年 4 月，泛美开发银行（IDB）推出了绿色债券透明平台（GBTP）（www.GreenBordDevelopment.com），这是一个致力于提高拉丁美洲和加勒比（LAC）地区绿色项目融资透明度和影响力的数字工具。这一创新工具为发行人、外部审核人和投资者提供了绿色债券从发行到到期全流程中更好的透明度、可比性和协调性，增强了投资者对绿色债券

1 见 https://www.adb.org/news/collective-climate-ambition-joint-statement-cop26-multilateral-development-banks 和 https://www.adb.org/sites/default/files/related/241521/Statement-MDBs-Just-Transition-High-Level-Principles.pdf。

2 单是 CIF 就从 14 个捐助国获得了约 140 亿美元的资金，预计联合融资将高达 610 亿美元。

投资收益使用方式及其表现的信心。GBTP 的支持者包括气候债券倡议组织（Climate Bond Initiative）、卢森堡证券交易所（Luxembourg Stock Exchange）、纳斯达克可持续债券网络（Nasdaq Sustainable Bonds Network）、环境金融（Environmental Finance），以及领先的专注于新兴市场的投资银行和资产管理公司。

GBTP 是一种免费的公共产品，使用区块链分布式账本技术跟踪绿色债券的影响和收益使用情况。投资者可以使用颗粒性且具可比性的数据来进行投资决策。GBTP 团队为发行人和外部审核人提供免费的双边技术支持。

GBTP 的目的是在发展过程中成为一个完整可靠的绿色债券信息来源。如今，它拥有超过 115 次发行信息，由 50 多家发行人报告，并允许可持续债券发行人上传其数据。其用户友好的风格也可能吸引亚洲合作伙伴的兴趣，GBTP 团队有兴趣促进全球合作，以支持高质量绿色债券市场的发展。

MDB 在 GSS 市场的建立和早期发展中发挥了作用，尽管在 2008—2021 年间累计 GSS 发行量不到全球总发行量的 10%（见图 3-8）。然而，MDB 的 GSS 债务[1]近年来有所增加，专注于 EMDE 的 MDB 的发行量也有所增加。

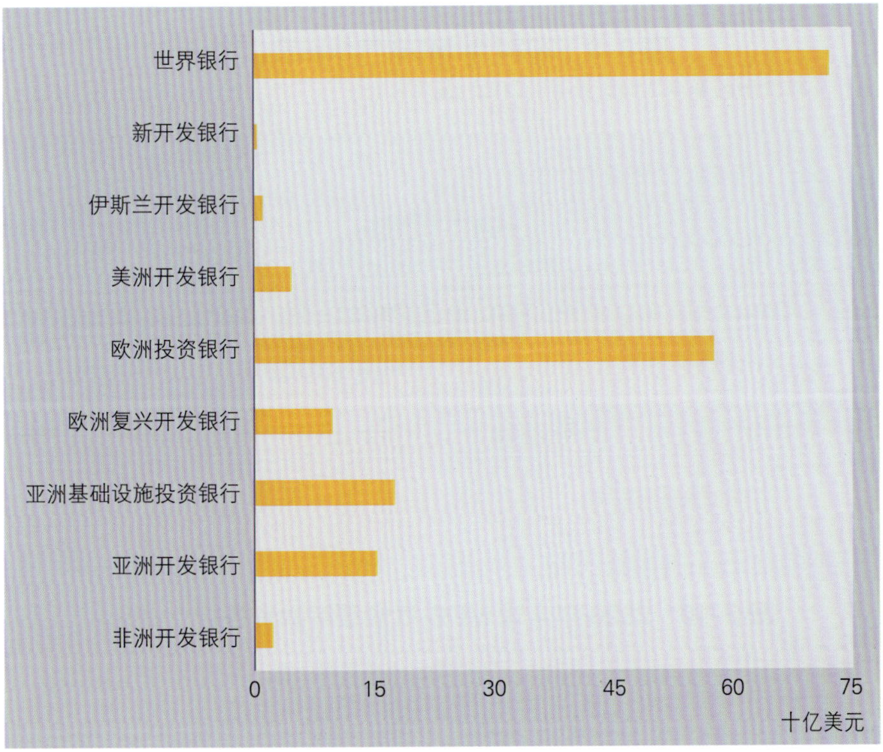

图 3-8　2008—2021 年按发行人划分的 GSS 债券累计发行情况

资料来源：彭博社。

2020 年，NDB 启动了可持续融资政策框架（Sustainable Financing Policy Framework），

1 不包括与可持续性相关的债券。根据彭博社对 GSS 的定义。

以管理绿色、社会和可持续性债务工具的发行。

2020 年，MDB 为气候融资[1,2]贡献了约 669 亿美元，其中约 75% 用于缓解气候变化，其余用于气候适应（图 3-9 展示了主要 MDB 的气候融资情况）。在用于缓解气候变化的 499 亿美元中，交通部门所占份额最大（见图 3-10），为 120 亿美元，其次是可再生能源和能源效率部门，各占约 118 亿美元。在 2020 年 161 亿美元的气候适应融资中，交通、能源和其他基础设施所占份额最大，其次是交叉部门。各部门，特别是在基础设施领域的一个关键重点就是脱碳[3]。

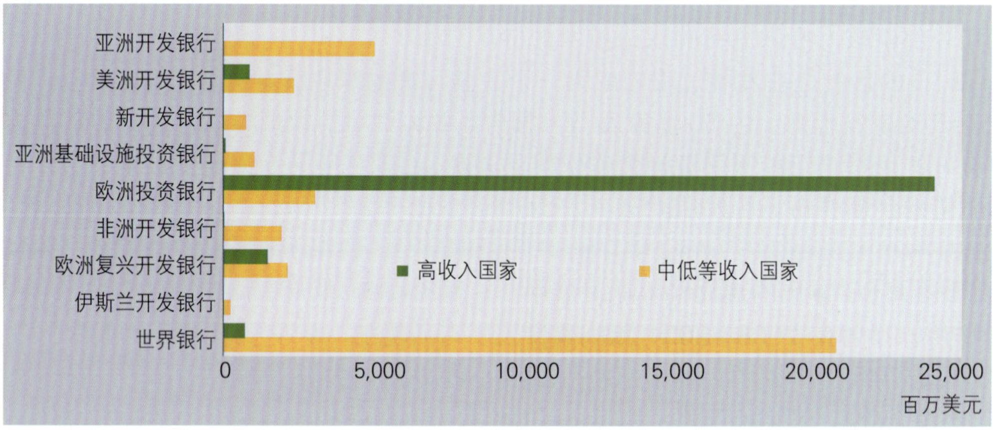

图 3-9　2020 年 MDB 气候融资情况

资料来源：《关于气候金融的联合 MDB 报告（2021）》。

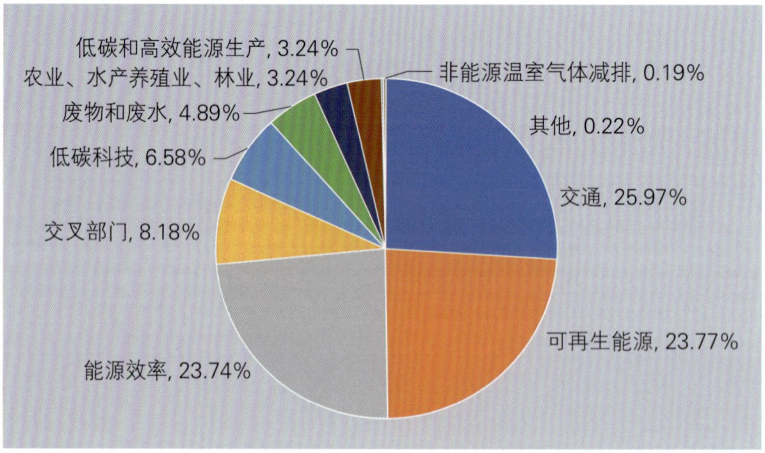

图 3-10　2020 年全球 MDB 气候缓解融资各行业占比

资料来源：《关于气候金融的联合 MDB 报告（2021）》。

债务工具在 MDB 的总融资额中占比非常高，约占总融资额的 76.4%（见图 3-11）。持续努力地发展债务市场对气候融资功不可没。尽管一些气候项目具有长期性，但仍有必要进一步发展股权和其他金融工具。[4]

1《关于气候金融的联合 MDB 报告（2021）》。

2 由 WBG、IsDB、EBRD、NDB、AIIB、EIB、AfDB、IBDG、ADB 组成。

3 资料来源：《关于气候金融的联合 MDB 报告（2021）》。

4 资料来源：《关于气候金融联合的 MDB 报告（2021）》。

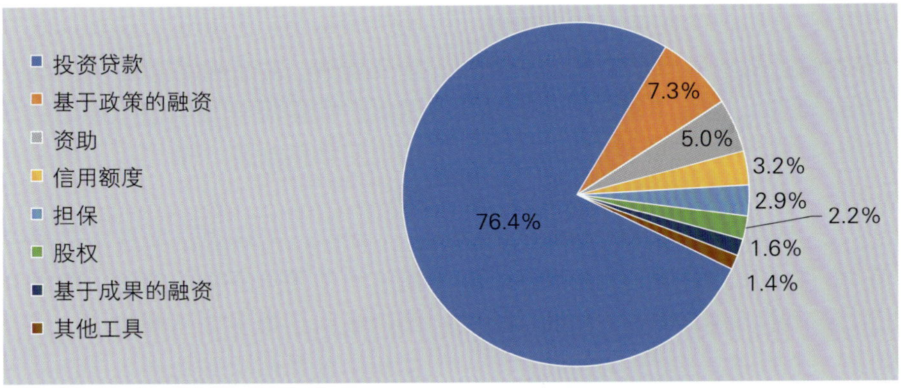

图 3–11　2020 年 MDB 不同融资工具的融资占比

资料来源：《关于气候金融的联合 MDB 报告（2021）》。

3.4.3　MDB 在亚洲的气候融资

MDB 气候融资中亚洲份额逐渐上升。2020 年，在 MDB 气候融资提供的资金总额中，亚洲占了 24.1%，而南亚则占了其中的近一半。亚洲应对气候变化行动是由各国政府推动的。亚洲各国的碳中和承诺将更多地推动可持续性和绿色融资。但是欧盟仍然是 MDB 资金的最主要目的地（见图 3–12）。[1]近期 MDB 以亚洲为重点的气候融资承诺发出了强烈信号，表明亚洲在 MDB 气候融资中的份额可能在不久的将来继续增加[2]。更重要的是，这将很可能增加私营部门资本投入和能力建设，以带头实现本报告中讨论的转型变革。

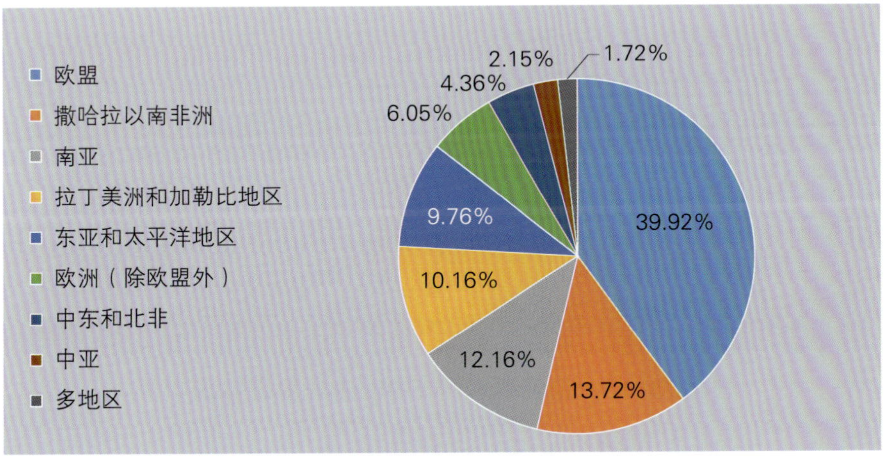

图 3–12　2020 年按地区划分的气候融资份额

资料来源：《关于气候金融的联合 MDB 报告（2021）》。

1 资料来源：《关于气候金融的联合 MDB 报告（2021）》。

2 亚投行设定目标，即到 2025 年，确保 50% 的已批准融资额度将用于气候融资，并在 2023 年 7 月 1 日之前将其业务与《巴黎协定》的目标保持一致。（https://www.aiib.org/en/about-aiib/who-we-are/infrastructure-for-tomorrow/green-infrastructure/climate/index.html）。与此同时，亚行已经设定了从 2019—2030 年向发展中成员提供 1,000 亿美元气候融资的雄心。https://www.adb.org/news/adb-welcomes-promising-steps-forward-cop26-climate-action-asia-and-pacific。亚行承诺使其业务与《巴黎协定》的目标保持一致，并确保到 2030 年，其业务总量的至少 75% 将支持气候行动。

亚洲的大多数 MDB 气候投资都流向了电力和工业部门，这些部门在该地区碳排放占比最大。多边金融机构的政策措施也在支持亚洲绿色金融。例如，国际清算银行（BIS）将在 2022 年初启动一个亚洲绿色债券基金，为各国央行提供一条渠道，将其储备金用于投资主权债券、超国家和企业发行的绿色债券。2021 年 11 月，东盟发布了东盟可持续金融分类体系（ASEAN Taxonomy Sustainable Finance）的第一个版本。

绿色气候基金（GCF）支持的大部分项目都在亚太地区开展，其次是非洲、拉丁美洲和东欧[1]。绿色气候基金是实现《巴黎协定》的金融支持的关键组成部分，是世界上最大的气候基金。在资助主题上，33 个亚洲项目涉及健康、食品和水安全；24 个项目涉及能源生产和能源获取；19 个项目涉及建筑、城市、工业和电器，15 个项目涉及森林和土地使用。[2]

MDB 气候融资项目中普遍存在的缓解措施也适用于亚洲。交通、能源和基础设施部门吸引了最多的气候投资。由于中国、印度和印度尼西亚等亚洲大国的政府将减少能源相关的碳排放作为其最重要的气候政策优先事项，因此在未来几年能源部门可能仍然是获得气候基金的最关键部门。

案例 3-3　新开发银行引领 MDB 在中国发行绿色债券

新开发银行于 2016 年 7 月 18 日成为第一家在中国市场人民币发行绿色债券的 MDB（见图 3-13）。30 亿元人民币债券的固定利率为 3.07%，期限为 5 年，得到了国内投资者的大力支持。收益用于绿色基础设施和可持续发展项目。由独立认证机构（EY）提供保证，确认该债券符合 ICMA 绿色债券原则和中国绿色债券法规。

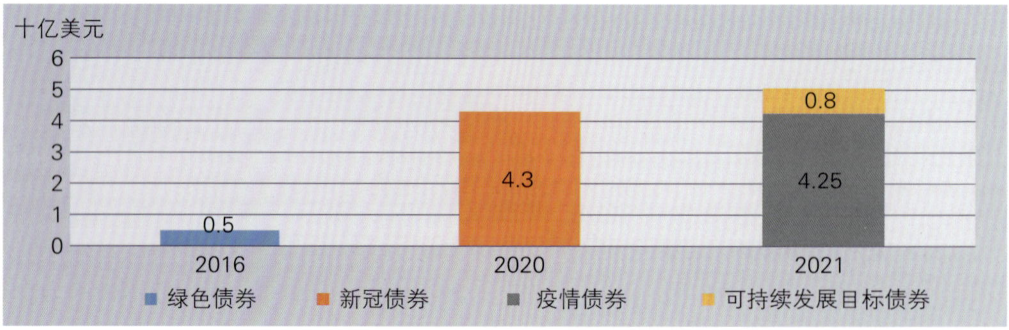

图 3-13　新开发银行 GSS 债券发行情况

资料来源：新开发银行。

绿色债券获得的所有收益都被指定用于绿色项目。新开发银行制定了“新开发银行绿色金融债券内部指南”（后来被纳入“新开发银行可持续发展融资框架”），来定义符合条件

1 迄今为止，在 GCF 董事会批准的项目中，亚洲有 79 个，非洲有 77 个，拉丁美洲有 46 个。批准项目：绿色气候基金（2022 年 1 月 23 日）。

2 有些项目属于不止一个主题类别。

的绿色项目，并指导绿色债券的生命周期管理。该指南符合国际标准[1]和国内市场法规[2]。根据这些指导原则，银行采用特殊分类账来管理收益，跟踪和监控债券收益的收款、支付。

债券发行期间，新开发银行共资助了 5 个绿色项目：中国上海的临港分布式太阳能发电项目（100 兆瓦屋顶光电，每年可减少 7.3 万吨二氧化碳排放）；中国福建的莆田平海湾海上风电项目（700 兆瓦海上风电，每年可减少 86.99 万吨二氧化碳排放）；巴西的可再生能源项目和输电项目（600 兆瓦可再生能源，每年可减少 100 万吨二氧化碳排放）；巴西的国家石油公司环境保护项目（有害排放显著减少，避免水和土壤污染）；俄罗斯的卡雷利亚水力发电项目（50 兆瓦可再生能源，每年可减少 4.8 万吨二氧化碳排放）。

3.5　未来之路

正如本章所述，为支持亚洲绿色转型，一系列新产品、法规和平台正在涌现。亚洲经济体拥有经济发展阶段和经济规模的多样性，一些国家已经取得相当大的进展，而另一些国家则处于早期阶段。

虽然亚洲在 2020 年调动了最多的气候资金，但在吸引国际投资者和增加私有资本参与方面仍有很大的空间。根据亚洲国家对净零排放和实现可持续发展目标的承诺，进一步调动资本并建设可促进绿色金融发展的制度环境，需加强监管机构、投资者和行业利益相关者之间的合作，以深化和扩大亚洲可持续金融生态系统。金融部门、中央银行和安全监管机构只是系统的一部分，所有相关行业和部门都应积极参与进来。

（1）通过推广分类体系和采用国际标准，大幅提高 ESG 数据和绿色金融的标准化、透明度和主流化，并为其发展做出贡献。目前只有少数几个国家采用了分类体系，各国尚具备较大努力空间。

（2）加强金融部门监管，提高公司信息披露标准，并推出促进绿色金融发展的激励措施。

（3）为促进绿色可持续投资提供创新、定制的解决方案，如更长的期限、更低的利率（溢价）、更多抵押品类型、更灵活的摊销模式等，以激励债券发行并培育市场。

（4）促进 DFI 和私人部门金融机构之间的合作伙伴关系，加速开发和实施混合融资和降风险解决方案，以支持大批亚洲绿色气候项目发展。

（5）推出有利于绿色金融资本市场发展的有利政策，充分利用国际平台和原则，加强绿色金融治理。碳金融工具的建立为这一方向提供了强有力的激励。

（6）推进更多国家和更多发行人加强绿色债券市场发展和融资工作，确保债券投资者能够高效买入结构合理的绿色可持续资产。

（7）进一步利用 MDB 作为私有资本催化剂、技术援助以及能力建设者的作用，增加对亚洲国家、全供应链和区域协调发展的贡献。

（8）提供技术合作和能力培训，特别是在低收入国家，以突破在建设绿色金融市场和以合理成本识别并推进可贷款项目的供给侧限制。发展中经济体的绿色金融市场对于实施包容性绿色转型和避免日益加剧的不平等至关重要。

1　国际资本市场协会（ICMA）出版的《绿色债券原则》（2018 年）。

2《关于在全国银行间债券市场发行绿色金融债券的公告》和《绿色债券背书项目目录》。

第4章

绿色技术助力绿色转型

4.1 简介

全球温室气体排放在 2019 年继续增长，达到 52.4GtCO_2e（范围：±5.2）的历史高点，不包括由土地利用变化（LUC）产生的排放；若包括 LUC 排放，则排放总量将达到 59.1GtCO_2e（范围：±5.9）。2020 年因新冠肺炎疫情而减少的温室气体排放量可能会大大超过 2008—2010 全球金融危机期间 1.2%的减排量[1]。但新冠肺炎疫情只会使全球排放量短期减少。除非各国采用稳健的低碳模式复苏经济，否则这次危机不会对 2030 年的减排目标有重大影响。电力在所有部门——从运输、建筑到工业——都发挥着关键作用，电力对于氢能等低排放燃料的生产也是不可或缺的[2]。图 4-1 给出了 2050 净零排放路径。

展望未来，太阳能光伏和风能领域的绿色技术创新与电网侧的储能技术、氢气电解槽、生物燃料、节能建筑技术和电动汽车相结合，将推动能源转型。锂离子电池成本的急剧下降，改善了电网侧电池存储的经济可行性。在过去 10 年中，电池价格下降了 90%[3]，预计到 2030 年将进一步减半，可再生能源项目共建配套储能正成为新的典范。到 2050 年，绿色氢能和衍生品将占最终能源使用的 12%。它们将在钢铁、化工、长途运输、航运和航空等能源密集、难以低碳发展的行业发挥重要作用。电动车的发展在加快步伐，2020 年全球电动车存量达到 1,000 万辆大关，比 2019 年增长 43%。

另一类技术涉及碳捕集、利用和储存（CCS），即通过各种手段捕获工业生产中的二氧化碳，然后将其储存或利用，是国际上用于减少大气中二氧化碳含量的主流方法。国际能源署（IEA）在其《2017 年能源技术展望报告》中指出，若要实现 21 世纪末将气

---

1 联合国环境规划署（UNEP）. 环境署（DTU）伙伴关系，排放差距报告，2020. https://www.unep.org/emissions-gap-report-2020.

2 国际能源署. 2050 实现净零排放. https://www.iea.org/reports/net-zero-by-2050.

3 彭博社 NEF. 2020 年电池组价格首次低于 100 美元/千瓦时，而市场平均价格为 137 美元/千瓦时. 2020-11-16. https://about.bnef.com/blog/battery-pack-prices-cited-below-100-kwh-for-the-first-time-in-2020-while-market-average-sits-at-137-kwh.

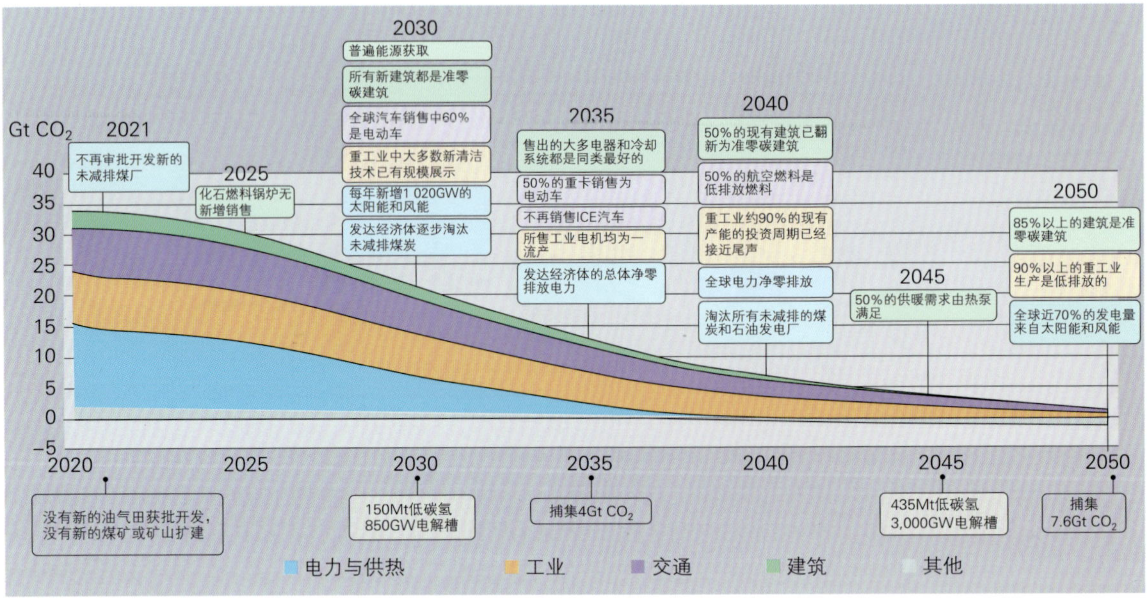

图 4–1　碳中和路径

资料来源：国际能源署。

温上升控制在 2℃以内的气候目标，CCS 技术需要贡献 14%的 CO_2 减排量。碳捕集对于减少碳排放和应对全球气候变化具有重要意义。

案例 4–1　沙特基础工业公司（SABIC）碳捕集和利用工厂

沙特基础工业公司（SABIC）的子公司朱拜尔石化公司（United）有目前全球最大的二氧化碳净化工厂。该工厂每年从乙二醇工厂的碳排放中净化多达 50 万吨的二氧化碳，否则这些二氧化碳将被排放到大气中。粗略计算，捕集利用 50 万吨二氧化碳相当于回收 7 万户家庭一年用电量所产生的二氧化碳，或种植 1,100 多万棵树木才可以产生的环境效益。

净化后的二氧化碳通过一个 25 千米长的网络输送到 SABIC 的其他子公司，用于生产有用的产品，如农业营养素中的尿素、食品和饮料行业所需的液化二氧化碳，以及甲醇——一种我们日常使用的许多其他化学品的重要组成部分。该网络通过实现多个站点之间的集成，使 SABIC 能够最大限度地提高资源效率。

SABIC 持续致力于减少碳排放。2018 年，通过一个独立的认证过程，公司的全球总部已获碳中和认证。此外，在 2022 年 1 月，SABIC 的一家合资企业 Ibn Sina 成为中东地区第一家能够交付商业等级的经认证的循环甲醇公司，这些经认证的循环甲醇由 SABIC 的二氧化碳净化工厂所捕获的二氧化碳制成，进一步展现了 SABIC 碳中和战略的卓越成就。

4.2 太阳能光伏发电

能量可以直接从太阳获取。通过太阳能供热与制冷（SHC）和聚光太阳能发电（CSP）的应用，太阳能逐渐成为全球最受欢迎的发电和其他应用的能源。太阳能的利用有三种主要方式：光伏（PV）、太阳能供热与制冷以及聚光太阳能发电。近年来，太阳能光伏迅速发展，成为全球低成本电力主要来源之一。根据 2020 年底全球累计光伏装机发电量，每年避免了约 8.75 亿吨[1]的二氧化碳排放，占电力行业碳排总量的 6.7%。

4.2.1 目前的趋势和未来的预测

太阳能，特别是太阳能光伏在使用上具有灵活性。系统可以是分散的（离网/并网），并在需求点附近架设，如建筑/工厂屋顶、有抽水需求的农田、满足电网电力需求的小型电网到公用供电级装机。在 2020 年新增的 256 吉瓦的可再生能源容量中，140 吉瓦来自太阳能光伏。图 4–2 是 2014—2020 年按技术划分的新增容量[2]。截至 2020 年，全球太阳能光伏已装机 768 吉瓦。亚洲继续保持领先，新增装机占 2020 年全球新装机容量的近 23%。随后是美洲（18%），超过了欧洲（16%）。图 4–3 是 2010—2020 年部分国家和地区太阳能光伏容量的增长情况。

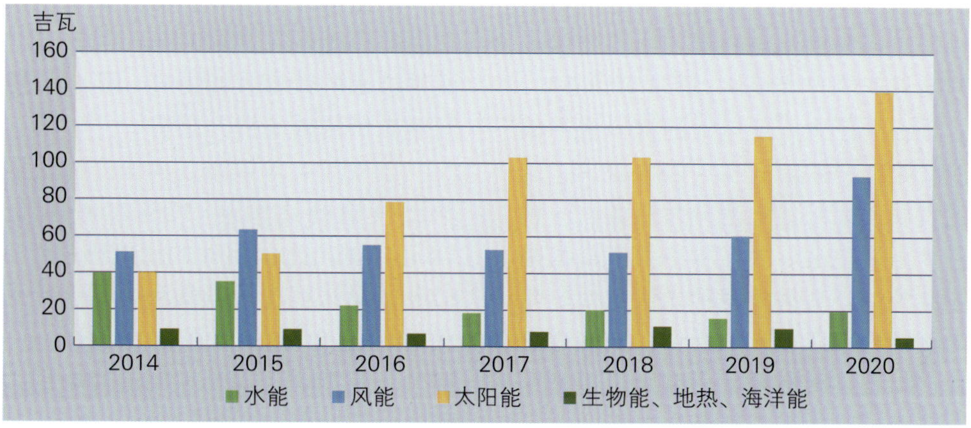

图 4–2　2014—2020 年各种技术的新增产能

资料来源：《2021 年可再生能源全球发展现状报告》（REN 21）。

中国继续主导全球太阳能光伏市场，份额接近 35%（高于 2019 年的 27%）。前五大市场——中国、美国、越南、日本和德国——几乎占 2020 年新装机容量的 66%（高于 2019 年前五国的 58.5%占比）。据估计，到 2030 年，全球太阳能光伏的预计装机容量将达到 2,550 吉瓦，到 2050 年将达到 6,613 吉瓦，相当于净零排放情况下总能源供应的五分之一[3]。因此，到 2050 年，在净零排放的情况下，预计 70%的发电量将来自太阳能光伏和风能。这意味着到 2050 年将累计减少约 1,100 亿吨（110Gt）的二氧化碳排放。[4]

---

1 国际能源署. 全球光伏市场快照. Snapshot of Global PV Markets – 2020 (iea-pvps.org).

2 2021 年可再生能源全球现状报告（REN 21）. https://www.ren21.net/wp-content/uploads/2019/05/GSR2021_Full_Report.pdf.

3 国际能源署能源展望 2021. https://iea.blob.core.windows.net/assets/4ed140c1-c3f3-4fd9-acae-789a4e14a23c/World Energy Outlook2021.pdf.

4 国际能源署能源展望 2021. https://iea.blob.core.windows.net/assets/4ed140c1-c3f3-4fd9-acae-789a4e14a23c/World EnergyOutlook2021.pdf theGlobalEnergySector_CORR.pdf.

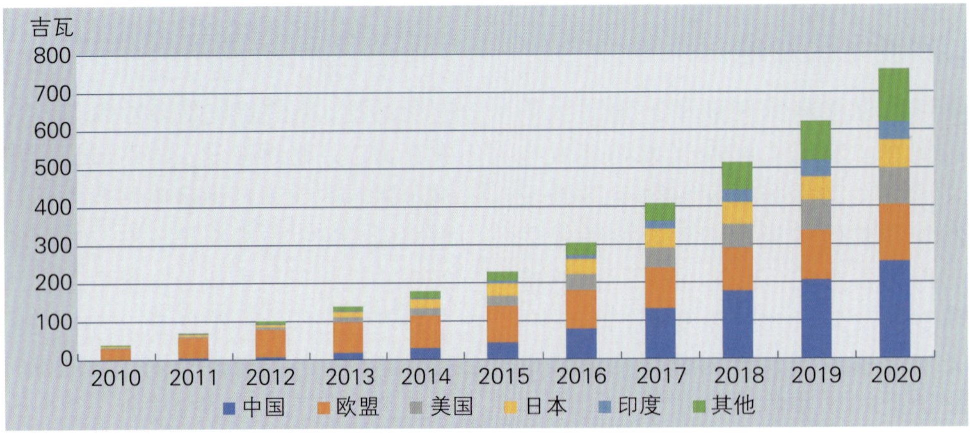

图 4-3　2010—2020 年部分国家和地区太阳能光伏容量

资料来源：《2021 年可再生能源全球发展现状报告》（REN21）。

4.2.2　太阳能光伏技术和最终用途

光伏系统的基本构件是光伏电池，它是将太阳辐射转换为直流电的半导体。光伏电池相互连接后形成光伏组件，通常可达 50～500 瓦。现在生产太阳能电池的材料各不相同，地面应用的效率在 10%～23%之间。硅晶不同的性质使太阳能电池分为两类，一种称为单晶太阳能电池，另一种称为多晶太阳能电池。此外，还有另外两种光伏组件，叫作薄膜光伏组件和双面光伏组件，前者避免使用硅片，材料消耗较低，后者则可以把组件正面和背面捕获的光能转换为电能。

单晶硅（75%）和多晶硅（7%）为 2020 年的太阳能光伏组件销售做出了很大贡献。背后的原因是在 2010 年至 2020 年期间，这两种技术的效率大幅提高。图 4-4 显示了太阳能光伏的效率提升趋势[1]。

自 2004 年以来，美国产光伏组件占全球出货量的比例从 13% 左右下降到不足 1%。中国产光伏组件的比例则从 1%增长到 67%。马来西亚、越南和韩国合计生产的光伏组件占全球出货量的比例从 0 上升到 24%。目前，全球十大制造商中的大多都是中国企业，年发货量超过 10 吉瓦。

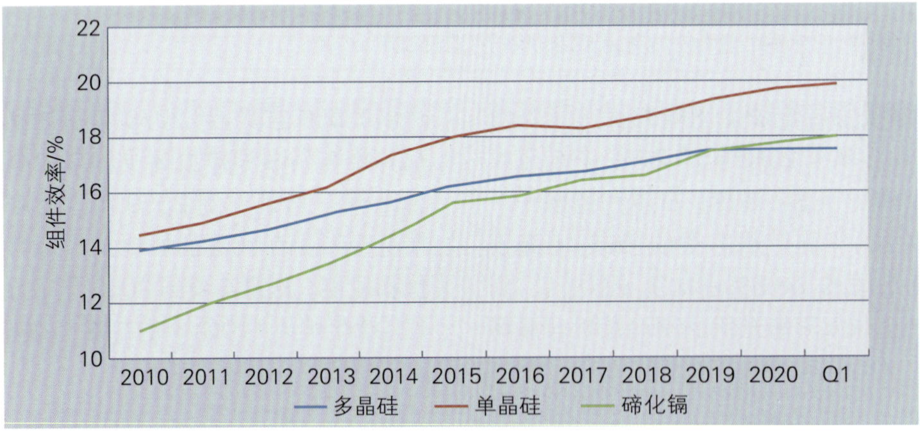

图 4-4　2010 年至 2021 年第一季度太阳能光伏的效率提升趋势

资料来源：美国国家可再生能源实验室（NREL）。

1 国际能源署能源展望 2021. https://iea.blob.core.windows.net/assets/4ed140c1-c3f3-4fd9-acae-789a4e14a23c/WorldEnergyOutlook2021.pdf.

4.2.3 太阳能光伏的终端应用

虽然公用供电级市场继续主导全球的太阳能光伏装机。但由于太阳能光伏系统使用灵活，成本较低，因此多年来，满足各种消费者需求的离网和并网系统的数量迅速增长。图 4-5 给出了太阳能光伏终端应用的趋势[1]。

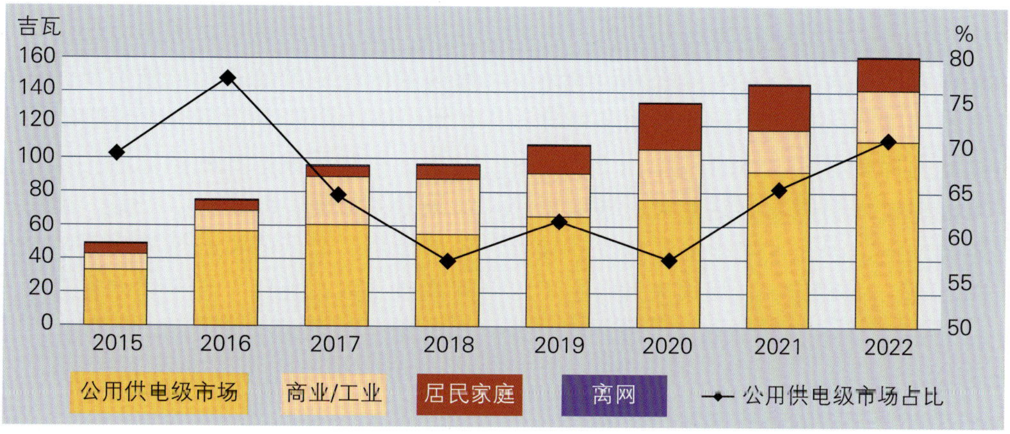

图 4-5　2015—2022 年太阳能光伏的最终用途

资料来源：国际能源署。

为家庭和工业用户安装的屋顶系统全球发展势头迅猛。例如越南 2020 年屋顶系统份额大增，主要是由于国家上网电价补贴即将到期，因此出现了安装高峰。在地方层面，喀拉拉邦（印度）为 1 兆瓦以下的住宅系统引入了净计量制度（Net Metering Programme），平均电价为 4.2 美分/千瓦时，而零售电网电价为 7.9 美分/千瓦时。

由于许多地方土地供应有限，成本较高，加上设计上不断推陈出新，浮动式太阳能光伏发电相对新颖，正逐渐获得追捧。浮动太阳能在快速增长的亚洲经济体中具有巨大潜力，中国、印度以及东南亚一些国家正在安装或计划安装大型项目。新加坡已经在其一个水坝上安装了一个 60 兆瓦的浮动太阳能项目。目前，印度尼西亚也在西拉达（Siratta）实施一个 145 兆瓦的浮动太阳能项目。世界上最大的浮动太阳能项目之一，目前正在印度中央邦的奥姆卡雷什瓦（Omkareshwar）大坝进行规划和开发，容量为 600 兆瓦，该项目由 GGGI 为中央邦政府提供独立技术和交易顾问。

在同一地点进行能源和作物生产的农业光伏水泵也在迅速崛起，它可以解决土地使用和农业用电有关的问题。其优势在于，能更好地管理农业用水，提高作物产量，改善工作时间和生产效率，此外发电还能给农民带来额外收入。GGGI 与国际太阳能联盟（ISA）合作中有一个旗舰项目，即在 13 个 GGGI-ISA 成员国部署 100 万台太阳能灌溉泵。项目目标是通过在脆弱经济体中大规模部署太阳能灌溉系统，形成生态系统，从而保障粮食、能源和水的安全，促进环境可持续性。

4.2.4 扩大太阳能光伏规模的主要挑战

太阳能光伏发电被归类为可变可再生能源（VRE）。因为根据季节性影响，白天的电力供应是有限的，而且由于天气条件的快速变化导致预测错误，有可能引起发电量的巨大波动。这带来了许多挑战：（1）太阳能光

1 国际能源署. 2021 年和 2022 年可再生能源市场前景更新报告年展望. https://iea.blob.core.windows.net/assets/18a6041d-bf13-4667-a4c2-8fc008974008/RenewableEnergyMarketUpdate-Outlookfor2021and2022.pdf.

伏的渗透率仅限于少数国家，而多数国家缺乏政府政策和激励措施、机构能力有限、私营部门的包购和价格风险、财务和运营能力差等。（2）分布式系统的融资挑战——运营效率较低、使用模式的变化导致发电量不稳定、并入电网的电力没有收入，电力包购协议与债务条款/期限不匹配，因此增加了项目在生命周期内拥有稳定收益的风险。（3）由于云层可能飘过太阳能发电站上空，导致短时间内限制发电，因此太阳能发电量波动较大。（4）电网运行不稳定——发电来源存在不确定性和可变性，存在低需求场景，或可能出现需求突增状况。

4.2.5　扩大部署规模的解决方案

政府政策和监管支持仍然是各地区继续支持太阳能光伏发电的关键干预措施之一。上网电价补贴仍然是常用的机制措施。除此之外，输配电费优惠、必须运行状态、额外的支付安全手段等也被用来支持光伏发展。对于较小的分布式系统，资金补贴是最常见的支持之一，但随着公共预算的压力越来越大，长期补贴的支出需要平衡，才能看到效益。打通资金渠道也是关键，例如优先部门贷款、多边银行向项目开发商提供的信用额度内的低利贷款等干预措施都有助于规模的扩大，特别是离网/并网光伏屋顶和农业光伏发电。有些国家选择的招标和拍卖的路径，结果令人鼓舞，既扩大了产能，也享受到了价格优惠。最低的投标价格出现在葡萄牙、阿联酋（阿布扎比）和卡塔尔在建设自己首个公用供电级项目时[1]。印度在古吉拉特邦的一次拍卖中创下了最低价纪录，此前整个国家的投标价格全年持续下降。2020 年中标的平均电价低于 2019 年的电价，是世界上最低的电价，原因很多，包括政府的支持政策、投标人对未来设备价格的预期以及参与竞标的国际开发商有机会获得低成本融资。

案例 4-2　天合光能：利用光伏太阳能促进双碳目标和农村振兴

随着政府对低碳行动的大力推动和对光伏产业的大力支持，中国涌现出一大批优秀的分布式光伏能源企业正在推动技术创新、响应政策、服务社会大众、支持绿色环保。他们为碳达峰和碳中和工作提供了生动的案例，为分布式光伏产业创造了丰富的应用场景。

天合光能成立于 1997 年，是全球领先的光伏能源综合解决方案供应商。在政策的推动下，亟须在县一级部署高质、多样、一站式的分布式光伏解决方案。天合光能是其中一家能够提供全县级方案的供应商。位于江苏省东海县青湖镇的青南村，是中国第一个屋顶光伏村。自 2014 年 1 月以来，“光伏村”安全发电已有 8 年多。截至 2021 年 1 月 20 日，该光伏电站已为该村累计带来近 230 万元的收入。

截至 2021 年 6 月，天合光能全球光伏组件累计出货超过 77GW，光伏电站开发建设规模超过 5.5GW，通过与全球很多国家的装机商合作，实现了近 1,000 亿千瓦时的清洁能源电力生产，累计减少 CO_2 排放 1.036 4 亿吨。天合光能董事长高纪凡在 2021 年 10 月表示，中国目前有 6,000 万个可安装的屋顶，市场潜力非常大。

推进“全县光伏”具有重要的社会意义，能够提高分布式光伏产业发展的规模、质量和效益，为农民带来新的、稳定的、可预期的收入。天合光能的全县推进方案与国家的乡村振兴的战略目标相吻合，是扶贫开发与碳中和的有机结合。

---

1 2021 全球可再生能源现状报告（REN 21）. https://www.ren21.net/wp-content/uploads/2019/05/GSR2021_Full_Report.pdf.

案例 4-3　印度中央邦奥姆卡雷什瓦大坝的 600 兆瓦浮动太阳能项目

印度在《巴黎协定》中承诺将温室气体排放强度比 2005 年降低 33%～35%。它的另一个目标是到 2030 年让可再生能源成为主流，占印度发电量的 40%，也就是 450 吉瓦。印度已有 100 吉瓦的装机容量，并正选择方案，扩大可再生能源的部署。拥有 280 吉瓦潜力的浮动太阳能对印度实现其国家目标将发挥关键作用（见图 4-6）。

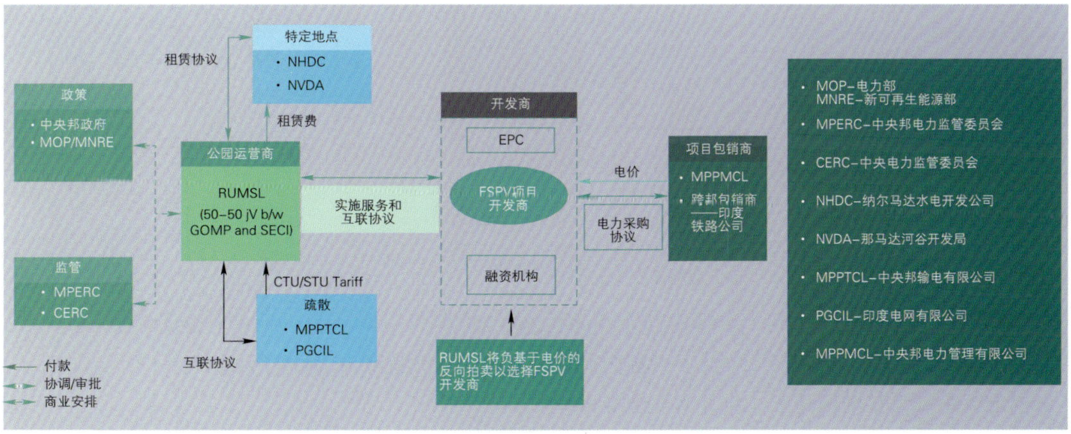

图 4-6　印度浮动太阳能项目运作图

600 兆瓦的浮动太阳能项目只是利用光伏潜力的第一步，目前该项目是世界最大的水面浮动太阳能单机装置。2023 年完工时，该项目年发电量约 12 亿度电，将满足该邦约 1.5%的电力需求，并将每年减少 120 多万吨二氧化碳排放。中央邦也因此获得 3.5 亿美元的投资，项目的建设和运营也将为当地创造大量就业机会。印度政府已聘请 GGGI 作为独立顾问，通过全面干预加强项目的可行性和银行可担保性，使项目设计符合国际标准，支持利用气候/碳融资市场获得低成本资金，并支持当地供应链的发展。

4.3　风力发电

4.3.1　目前的趋势和未来的预测

陆地风电的累计容量在过去十年增加了几乎四倍，从 2010 年的 178 吉瓦增加到 2020 年的 699 吉瓦。根据全球风能理事会（GWEC）发布的《2021 年全球风能报告》，全球风力发电装机容量已经达到 743 吉瓦（见图 4-7）。风能总装机容量最高的市场是中国，装机容量为 281.993 吉瓦，美国为 117.744 吉瓦，德国为 62.184 吉瓦，印度为 38.559 吉瓦，西班牙 27.089 吉瓦[1]。根据国际可再生能源机构（IRENA）的估计，到 2050 年，风能在整个可再生能源结构中占比必须达到 27%才能实现《巴黎协定》的目标[2]。

排行最高的两个国家是中国和美国。到 2020 年底[3]，仅风能发电就分别上升到两国

1 https://www.irena.org/publications/2021/March/Renewable-Capacity-Statistics-2021.

2 风的未来 (irena.org)。

3 https://www.ren21.net/reports/global-status-report.

各自发电量的 6.1%和 8.4%。迄今为止，全球有 70 多个国家的风力发电装机已投入商业运营，其中 22 个国家的装机容量超过 1 吉瓦。亚太地区是全球风力发电市场的成熟地区，中国和印度的巨大市场对风力发电有很大的需求，增长前景广阔[1]。

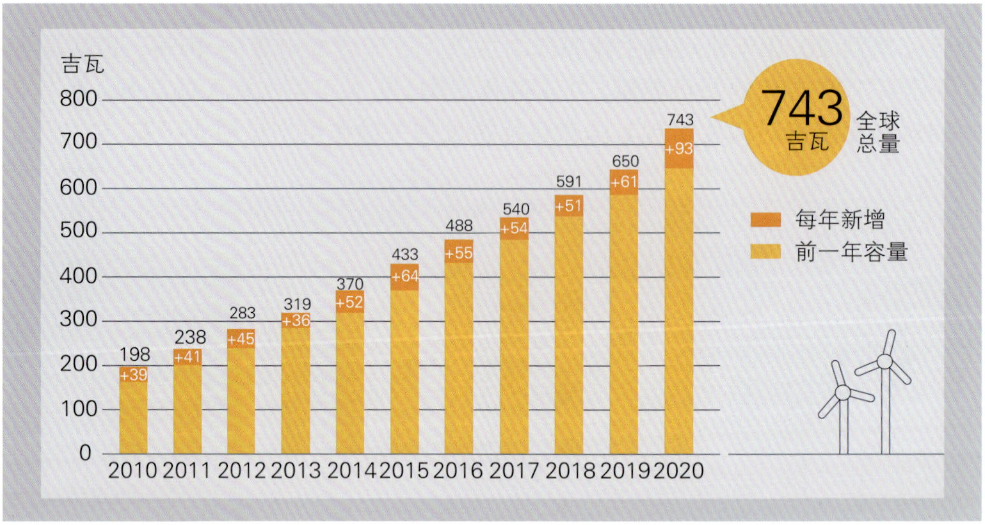

图 4-7　2010—2020 年风电全球产能和年新增产能

注：由于进位原因，数字加起来可能与总数略有出入。

资料来源：全球风能理事会。

根据中国电力网《2021 年全球风电场报告》，目前全球装机容量大于 250 兆瓦的陆地风电场有 85 个在运行，其中 54 个在美国，14 个在中国，6 个在澳大利亚。根据 GWEC 的综合预测，尽管 2020 年有巨大的增长，但未来五年全球风能市场的年均增长率为 4%，将有超过 469 吉瓦的新装机容量。

随着技术的进步和成本的降低，海上风电一直在快速增长，代替陆地风电，成为碳中和的推动力。截至 2020 年，全球海上风电新增装机容量 5,519 兆瓦。海上风电的市场前景很好，原因如下：海上风电 LCOE 的急剧下降（LCOE 是 Levelized Cost of Energy 的缩写，代表发电成本）；美国和亚洲等主要市场的海上风电项目增加；海上风电在全球资源转型和国际合作中具有独特作用[2]。在政府政策的充分支持下，2050 年前电站汰旧换新可以带来新的机会，例如提高运营效率。在 2050 年，每年新增和汰旧换新的总装机容量基本上可以稳定在 200 吉瓦/年的水平[3]。

中亚拥有强大的天然风力优势，风力发电存在巨大的发展潜力。阿塞拜疆正在迅速推广风力发电，以实现其到 2030 年可再生能源占装机容量 30%的目标。作为海上风电开发的第一步，阿塞拜疆国家石油公司（SOCAR）已经与法国 Technip Energies 公司达成协议，建立试点，如何避开石油和天然气开采区，利用工业和住宅需求中心附近的强风发电。

4.3.2　技术

风力发电技术包括风涡轮机研发技术、风力发电并网技术、风电储能技术、风电预测技术等。在风电系统中有两大类涡轮机：

1　风力发电市场——增长、趋势、Covid-19 的影响和预测（2022—2027）。
2　全球风能理事会. 2021 年全球风能报告. 2021.
3　风能的未来（irena.org）。

垂直轴涡轮机（VAWT）和水平轴涡轮机（HAWT）。考虑到涡轮机的位置，目前主要的风电系统包括：（1）陆地风电场——几年前就已经成熟，比化石燃料发电更具成本优势，在资金成本和维护成本方面更经济，但在某些情况下可能有复杂的土地征用过程；（2）海上风电场——技术快速成熟，但仍需进一步研究，特别是对水质的影响还有待深入研究。

风力发电的关键问题是控制风涡轮机和发电机的功率和速度。实现恒定或可变速度的风力发电系统有很多选择，而选择发电机类型主要取决于风力发电系统的形式。现代风力发电系统一般采用变速和恒频技术，通过可变电流装置或修改发电机结构来实现。使用并网技术，通过全功率变换器的控制算法来实现控制目的。

4.3.3　风力发电的经济性

自第一台风力涡轮机开始供电以来，我们已经取得了长足的进步，通过技术提升以满足大规模商业用电的需求。从 2010 年到 2020 年，陆地风电的总装机成本大幅下降了约 30%，和太阳能光伏一起，成为可再生能源中成本最低的。根据 IRENA 可再生能源成本数据库，2020 年风电成本继续下降，海上风电成本下降了 9%，陆地风电成本下降了 13%。2010 年到 2020 年，全球加权平均陆地风电 LCOE 下降了 56%，从 2010 年的 0.089 美元/千瓦时下降到 2020 年的 0.039 美元/千瓦时。全球加权平均总装机成本下降 31%，从 2010 年的 1,971 美元/千瓦降至 2020 年的 1,355 美元/千瓦，比 2019 年的 1,491 美元/千瓦下降 9%[1]。在经济效益方面，风电的发展促进了绿色就业和包容性转型。风电行业提供了越来越多的低技能到高技能的职业，在一个 500 兆瓦的海上风电场 25 年的项目周期内，可以直接创造 10,000 个全职岗位。例如，最近一项研究发现，风能和可再生能源的加速增长可以在中国产生乘数效应，包括支出转移、创造就业和提高经济效益，与基线情景的路径相比，2030 年新路径将使中国 GDP 增长 7.5%，总就业人数将增加 5.9%[2]。

4.3.4　挑战和建议

需要各种政策和监管措施来催化风力发电站的部署，使其对投资者具有吸引力，并确保以安全的方式进行，尽量减少对环境的影响，并通过整合多种发电来源向电网提供稳定和可靠的电力。风能扩容的主要障碍包括：（1）资本成本高昂——特别是在初始阶段和投产前。吸引投资者并获得所需的监管审批和实施许可，过程漫长而烦琐。（2）对环境的影响不清晰——包括噪声污染和担心侵犯动物权利，而候鸟和蝙蝠可能被涡轮机打乱活动规律。（3）电力供应的稳定性低和缺乏可靠的大容量风力涡轮机。（4）政治和技术障碍。（5）由于财政和技术挑战，各国发展不均。（6）风力发电市场机制不完善——国际电力市场风电交易规则包括竞价机制、惩罚机制、绿色电力交易凭证等，而在一些国家，风电交易市场并不完善。

4.3.5　扩大发展规模的解决方案

扩大发展规模的解决方案和关键战略包括：

（1）采取经济和监管措施，包括长期目标、税收优惠、提高海上风力涡轮机的直流传输、改善空气动力效率系统和降低投入成本。其他措施包括：优先提供补贴和信贷支持，并通过发放绿色电力认证，适当补偿企业分担的利息成本[3]。

（2）当地社区的环境知识是建立社会接受度的关键驱动力。

1　2020 年的可再生能源发电成本. https://www.irena.org/–/media/Files/IRENA/Agency/Publication/2021/Jun/IRENA_Power_Generation_Costs_2020.pdf.

2　全球风能理事会. 2021 年全球风能报告. 2021.

3　关于引导加大金融支持力度促进风电和光伏发电产业健康有序发展的通知. https://www.ndrc.gov.cn.

（3）调试高压直流电的传输以降低海上风力发电成本、增加年产量。

（4）提高风涡轮机的运行效率和性能，特别是在安全和稳定方面。

（5）升级电网基础设施，跟上先进的风电供应和储存。

案例 4-4 扎那塔斯风力发电站

100 兆瓦的扎纳塔斯风力发电站是哈萨克斯坦乃至整个中亚地区最大的风力发电项目。它是由中国电力国际控股有限公司（CPIH，80%）和 Visor 公司合资的扎纳塔斯风力发电公司所建设的。

2020 年 9 月，电站实现首批风机开始发电，并于 2020 年 10 月获得欧洲复兴开发银行（EBFD）、亚洲基础设施投资银行（AIIB）、中国工商银行（ICBC）和全球合作基金（GCF）共 9530 万美元的融资。扎纳塔斯风力发电站是中哈两国合作的重点项目之一，预计每年可产风电 3.5 亿千瓦时，能够满足约 100 万户家庭的电力需求。预计每年可节约 10.95 万吨标准煤，减少 2.89 万吨二氧化碳、3.29 万吨灰渣和 1,031 吨二氧化硫的排放，项目从绿色能源的角度极大地支持哈萨克斯坦实现低碳经济增长。

这是一个在碳中和过程中加强国际交流与合作得很好的案例，体现了绿色金融对碳达峰和碳中和的推动作用。

4.4 绿色氢能

氢是地球上最单纯丰沛的元素。氢气是一种能量载体，而不是能源，可以传递或储存巨大的能量。从天然气（甲烷）中提取的氢气在化学催化反应过程中会产生副产品二氧化碳，因此被列为“灰氢”。如果产生的 CO_2 没有排放到环境中，而是在生产设施中被捕获，并通过碳捕集和封存（CCS）单独储存，所生产的氢气被归类为“蓝色氢气”。“绿色氢气”是通过被称为电解的催化过程从水中产生的——对水通电分离氢分子和氧分子。绿色氢气的碳足迹为零。因此，绿色氢气在实现净零排放目标方面具有核心作用，对难以减排行业和部门的减排工作至关重要。根据国际能源署的数据，2018 年全球能源相关的二氧化碳排放量约为 350 亿吨。碳排总量中 85% 来自化石燃料发电、运输和工业[1]。图 4-8 给出了按行业划分的情况。

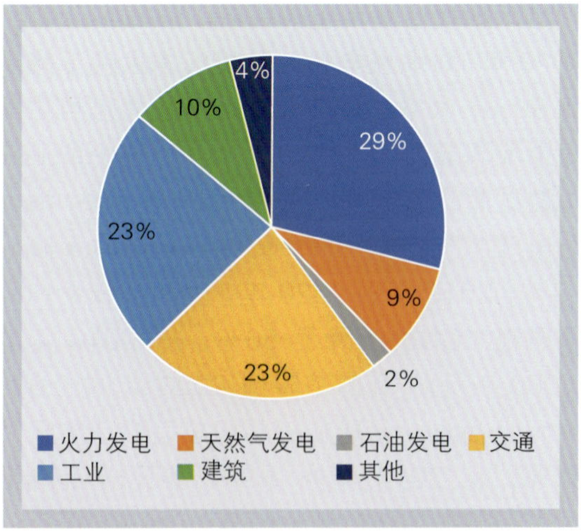

图 4-8 全球各行业碳排放占比

资料来源：国际能源署。

在净零排放情况下，2050 年对绿色氢气的需求可能达到 6.6 亿公吨（MT），每年减

1 国际能源署. 全球各行业与能源有关的二氧化碳排放. https://www.iea.org/data-and-statistics/charts/global-energy-related-co2-emissions-by-sector.

少 70 亿吨的二氧化碳排放[1]，是世界保持现有全球变暖趋势排放量的 20%左右。图 4-9 给出了按细分领域划分的氢气终端使用需求预测。这些领域对清洁氢气的使用规模取决于若干有利和限制因素，包括技术的发展轨迹，特别是电解槽和燃料电池，区域当前的天然气消耗，以及输送氢气的基础设施（如氢气管道和氢燃料加油站），为用户提供足够灵活性，方便使用和取得供给。

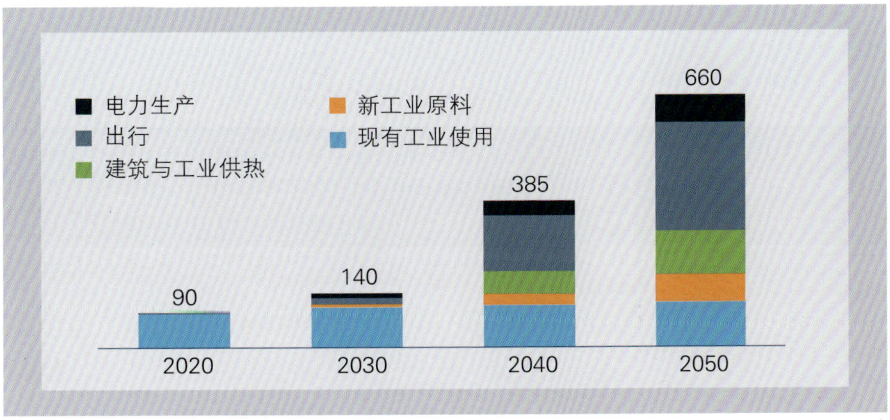

图 4-9　氢气最终用途（百万吨）

资料来源：氢能委员会。

4.4.1　绿色氢气生产——目前的能力和未来的发展

绿色/蓝色氢能投资在全球范围内正在加速发展。根据氢能委员会[2]，全球整个价值链上有 228 个绿色氢气项目，总投资额 800 亿美元。

欧洲、澳大利亚、中东和智利宣布的氢能项目数量全球领先。中亚和西亚已经制定了雄心勃勃的氢能计划。例如沙特阿拉伯计划建设智能城市 NEOM，是未来沙特阿拉伯氢气“生态系统”的组成部分，作为氢能枢纽基地，为化肥、化学品和石油衍生品的生产提供清洁原料[3]。在哈萨克斯坦，德国投资者和项目开发商 SVEIND 签署了谅解备忘录，计划利用项目所在国[4]大量风能和太阳能生产绿色氢气。日本、韩国和中国在公路运输应用、绿色氨气、LH2 和 LOHC 项目方面表现强劲。

4.4.2　电解水制绿氢技术

电解水过程很简单，它将水分解为氢气和氧气，表 4-1 对各种技术做了详细比较。

表 4-1　不同技术的成本比较

技术	系统成本（美元/千瓦）	效率（千瓦时/千克氢气）	可利用性	尺寸
碱性电解水	500～1,000	50%～70%	商业	大型
质子交换膜电解水（PEM）	700～1,400	50%～83%	发展中	紧凑型
固态氧化物电解水（SOEC）	2,000	45%～55%	实验性	

1 Hydrogen Council. Hydrogen-for-Net-Zero. https://hydrogencouncil.com/ wp-content/uploads/2021/11/Hydrogen-for-Net-Zero.pdf.

2 Hydrogen Council. Hydrogen Insights 2021. https://hydrogencouncil.com/en/hydrogen-insights-2021.

3 https://energypost.eu/saudi-arabias-clean-hydrogen-plans-for-converting-ambitions-into-action.

4 https://svevind.se/en/2021/06/23/svevind-and-kazakh-invest-national-company-jsc-sign-a-memorandum-of-understanding.

隔膜材料是制造各类电解槽的主要障碍。PEM 水解制氢的主要局限就是关键材料[1]。PEM 技术使用的铂和铱，是最为稀缺、能耗和排放强度最高的两种金属。

4.4.3 氢的经济性

在全球范围内，目前生产和使用的 98% 的氢气是利用天然气/煤炭通过蒸汽重整工艺生产的，被称为灰氢，其生产成本约为 2～2.5 美元/千克。绿氢的生产成本在 4～7 美元/千克。详细的氢气生产成本请参看表 4–2。

表 4–2 绿氢生产成本的范围

低（美元/千克氢气）	高（美元/千克氢气）	年份	电费（美分/千瓦时）	容量因子（%）	系统资本支出（美元/千瓦）	电解槽效率	参考资料
4	6	2020	4～10	20～30	750	65	国际氢能委员会
3.75	5.1	2018			1,124	63	E3/UCI
2.7	6.8	2018	2.3～8.5	26～48	840	65	国际可再生能源机构（IRENA）

绿氢的生产成本有三个关键因素：由于全球产能和部署有限，资本支出成本高昂；为满足电力要求而使用可再生能源发电的成本；电解槽的利用率。绿氢成本中关键因素的稳步发展可使绿氢的生产成本在 2030 年之前大幅降低。

4.4.4 绿色氢能部署的挑战

虽然绿色氢能的全球部署一直在稳步发展，但目前仍需要克服一些的挑战。其中关键的挑战有：（1）技术风险，对最佳设计的了解有限；（2）高昂的运营成本和有限的专业劳动力；（3）能量损失交稿；（4）价格和包销风险。

4.4.5 扩大发展规模的关键战略

绿色氢气项目的发展仍处于初始阶段，很少有大规模的运营项目。但这种情况正在迅速改变，因为各国/企业正在制定符合净零排放路径的增长战略，并认识到绿色/清洁氢能是向前发展的关键组成部分。然而，发展规模将需要多种干预措施，其中包括：

（1）制定路线图，建立制度和金融机制，缩小灰氢绿氢的价格差距，为大规模部署绿氢扫除障碍。

（2）混合使用可再生能源技术，提升电解槽的利用率，延长电解槽工作时间，降低成本，推动规模发展。

（3）通过适当的与绩效挂钩的激励措施实现本地化生产，同时支持国内工业和创新。

（4）液化氢的运输技术。

专栏 4–1　印度尼西亚建立合作关系发展绿氢项目

印度尼西亚是一个拥有 17,000 多个岛屿的群岛，人口超过 2.73 亿（联合国 2020 年数据）。这使它成为世界第四人口大国，东南亚最大的经济体。

1 国际可再生能源机构．降低绿色氢能成本．https://irena.org/-/media/Files/IRENA/Agency/Publication/2020/Dec/IRENA_Green_hydrogen_cost_2020.pdf.

2014 年印度尼西亚国家能源政策（KEN）的目标是，到 2025 年，一次能源结构中新能源和可再生能源占比 23%、天然气占比 22%、煤炭占比 55%，石油占比 0.4%。印度尼西亚国家电力总体规划（RUKN）的长期目标是：电力用能结构中新能源和可再生能源占比 28%、天然气占比 25%、煤炭占比 47%，石油占比 0.1%。印度尼西亚政府对《巴黎协定》的承诺令人振奋，其中承诺为了在 2060 年实现净零排放，印度尼西亚要在 2030 年无条件地比 2010 年基线情景情况至少减排 29%，若有国际合作支持，则减排 41%。

GGGI 项目将帮助在苏门答腊地区设计和开发首个兆瓦级绿氢可实施项目，用于印度尼西亚的工业部门和可能的出口。该项目将催化启动全国绿氢经济发展的进程，促进印度尼西亚的绿氢成为主流投资，并激励当地绿色就业的发展。

该项目还会促进建立：

（1）大型绿氢项目的可融资商业模式，调用绿色资金支持项目开发，创建模版进行复制创新。

（2）私营部门参与的战略，包括绿氢供应链。

（3）促进伙伴间的合作（根据图 4–10 的模型），并引入创新的手段来降低成本，以便最终用户有足够的兴趣和包销意愿。

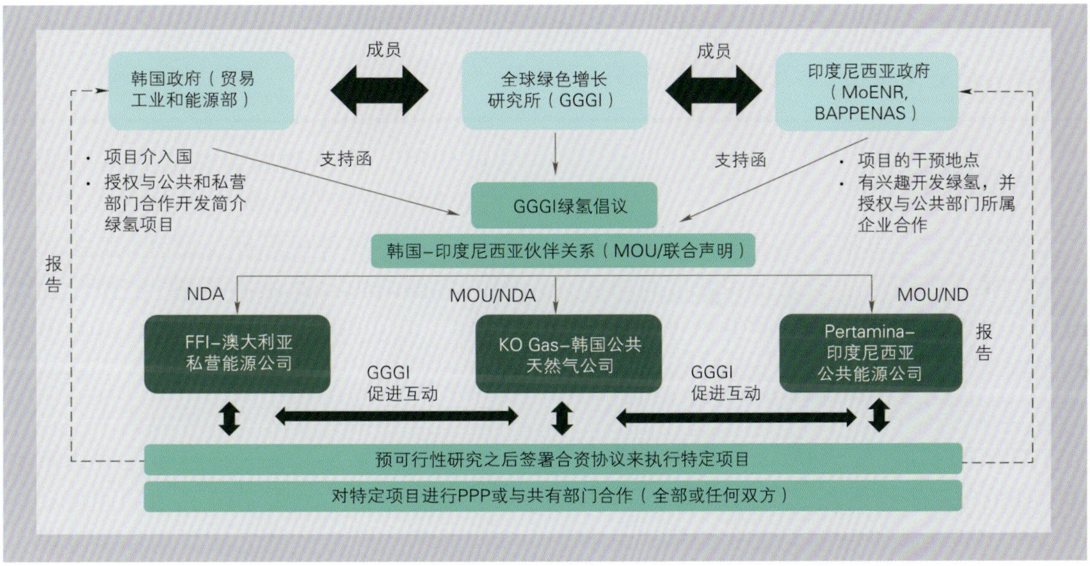

图 4–10　印度尼西亚和 GGGI 合作发展绿氢项目

案例 4–5　FMG 集团：昔日的铁矿石巨头，今日的可再生能源的领跑者

福特斯克金属集团（FMG）成立于 2003 年，是澳大利亚主要的铁矿石出口商和全球铁矿石巨头，在亚太地区占有重要地位。2021 年，FMG 表示他们想加入全球应对气候变

化的大军，并发布了雄伟目标——到 2030 年实现碳中和。对 FMG 的脱碳计划至关重要的是其全资清洁能源子公司 Fortescue Future Industries（FFI），该公司致力于通过绿氢和绿氨的生产、基础设施的开发及相关投资机会，使可再生绿氢成为全球交易量最大的海运能源商品。FFI 努力在 2030 年前能每年至少供应 1,500 万吨绿氢。FFI 的成功运营使 FMG 集团成为全球可再生氢能的引领者，使其从铁矿石巨头成功转型成为绿色能源解决方案供应商。

自成立以来，FFI 在国内外推出了多个绿氢项目。2020 年 9 月和 2021 年 12 月，FFI 与印度尼西亚政府签署了水电和地热能源开发协议，这两项协议有助于印度尼西亚经济实现脱碳，确保劳动力结构的多样化和经验性，并为印度尼西亚带来就业和工业发展机会。最近，FFI 已经获得在印度尼西亚三条河流集水区的几个水电项目独家进行调研权利。2020 年 9 月，FFI 还与阿富汗政府达成合作协议，对其水电、地热和矿产资源的进行相关研究，为阿富汗本土提供全面技能培训，在阿富汗部署一支先进的运营团队，并帮助本地提高技术和组织能力。2021 年 7 月，FFI 还与印度领先的电力公司 JSW 能源公司（JSWEL）的全资子公司 JSW Future Energy Ltd. 达成合作，进行可再生绿氢和绿氨的研究，并在印度钢铁生产和移动出行领域合作，实施绿氢的生产和应用。

FMG 意识到解决气候问题的紧迫性，在企业价值观中体现了对环境和人类的企业责任。全球领先的行业地位使其能够在全球部署绿能项目，出色的技术、先进的管理经验和资金实力能够支持他们实现集团的能源转型战略。

4.5 生物燃料

生物燃料是由生物质/有机物（如工业有机废物、农业废物、动物废物和城市有机固体废物）生产的燃料。它包括生物质（初级生物燃料）、液体燃料或气体燃料（次级生物燃料），形式有固体（如木炭、垃圾燃料）、液体（如生物乙醇、生物柴油和生物油）或气体（如沼气、生物天然气和合成气），应用范围很广，包括运输和高温工业过程。生物燃料为乘用车、卡车、船舶和飞机上使用化石燃料（包括汽油、柴油和压缩天然气）的发动机提供了替代燃料。虽然电动车、氢燃料电池车、液体生物燃料车和生物压缩天然气车等低碳替代品在未来公路运输中会发挥关键作用，但驱动航运和航空等运输部门（占运输行业能源总需求的 20%）转型的，主要还是生物替代燃料[1]。此外，工业部门和国内各部门也会对生物乙醇、垃圾衍生燃料（RDF）和生物天然气等生物燃料提出更多需求。

4.5.1 生物燃料分类（代际分类）

第一代（1-G）生物燃料是使用常规技术从粮食作物（高糖/淀粉）、植物油或动物脂肪制成的。1-G 生物乙醇是由糖类发酵生成的[2]，而生物柴油是通过酯交换工艺产生的。[3] 第二代（2-G）生物燃料由非食品原料生成。生物炭和颗粒，沼气/生物天然气是通过厌氧消化产生的，而垃圾衍生燃料（RDF）是处理城市固体废物（MSW）过程

1 国际可再生能源机构. 液体生物燃料. https://www.irena.org/transport/Liquid-Biofuels.

2 Roland Arthur Lee, Jean-Michel Lavoie. 从第一代到第三代生物燃料：从日益复杂的生物质中生产商品的挑战. 动物前沿，2013，3（2）：6-11. https://doi.org/10.2527/af.2013-0010.

3 美国能源部. 生物柴油的生产和分配. https://afdc.energy.gov/fuels/biodiesel_production.html.

中的产物。[1]第三代（3-G）生物[2]燃料是使用微藻和大型藻类、污水污泥和城市固体废物生产的。

4.5.2　现代生物燃料作为化石燃料替代品的应用

生物燃料的一些具体用途有：（1）生物乙醇作为混合剂混入汽油，能够提高辛烷值并减少一氧化碳和其他引发雾霾的排放物；（2）生物柴油被看作替代石油基柴油的更清洁的燃料；（3）生物压缩天然气（BioCNG）——生物压缩天然气被视为天然气的替代品；（4）可直接使用的生物燃料（Drop-in Biofuel），即通过各种生物、热和化学过程从生物质原料中生产的燃料。[3]

4.5.3　现状和未来的潜力

据 2019 年估算，生物能源占最终能源消费总量（TFEC）的 11.6%（44 艾焦）。其中一半以上的生物能源（24.6 艾焦）是通过生物质传统方法[4]生产的，即燃烧林木生物质、木炭或其他农作物秸秆用于住宅烹饪和取暖。现代生物能源中，约 2.59 艾焦的国内产量也来自城市和工业废物[5]。图 4-11 显示的是生物能源在最终能源消费总量中总体和按最终使用部门的估算占比。

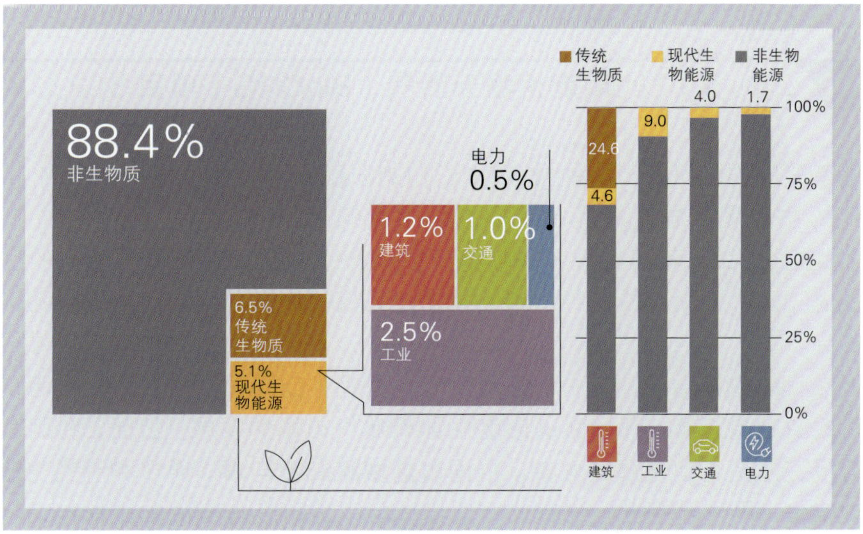

图 4-11　2019 年生物能源在最终总能耗中的总体及按最终使用部门的估算占比

资料来源：《2021 全球可再生能源状况报告》，21 世纪可再生能源网（REN21）。

过去十年，现代和传统生物能源都有很大的发展。2010—2019 年，现代生物能源在电力（增长 27%）、交通（增长 15%）和供暖（增长 5%）等行业的使用份额都在不断增加。而自 2009 年以来，传统方法生产生物能源（主要是供暖应用）所使用的生物质

1 第二代生物燃料的可持续生产，主要经济体和发展中国家的潜力和前景. https://www.oecd.org/berlin/44567743.pdf.

2 Nanda S, Rana R, Sarangi P K, Dalai A K, Kozinski J A. 第一代、第二代和第三代生物燃料的广泛介绍//Sarangi P, Nanda S, Mohanty P, eds. 生物燃料和生物能源利用的最新进展. 新加坡：斯普林格出版社，2018. https://doi.org/10.1007/978-981-13-1307-3_1.

3 国际能源署. 可直接使用的生物燃料，任务 39，国际能源署生物能源. https://www.ieabioenergy.com/wp-content/uploads/2019/09/Task-39-Drop-in-Biofuels-Full-Report-January-2019.pdf.

4 在发展中国家和新兴经济体中，传统的生物质取暖方式是在简单、低效的设备中燃烧林木生物质或木炭，粪便和其他农作物秸秆，为居民做饭和取暖提供能源。

5 世界生物能源协会. 2021 年全球生物能源统计. https://www.worldbioenergy.org/uploads/211214%20WBA%20GBS%202021.pdf.

却下降了 9%[1]。

4.5.4 快速发展生物燃料所面临的挑战

每个国家生物燃料部门面对的挑战都各不相同，它们与当地的政策和监管框架、融资以及可持续的生物质供应有关。不同类别的生物燃料都面临特定的障碍，这取决于其技术和商业成熟度、政策和监管生态、投入的原料及其市场需求。这个部门的许多障碍都是相互关联的，包括原料的竞争力和供应，政策采纳和实施框架的延迟，技术和基础设施，资金渠道。

4.5.5 扩大发展规模的关键战略

生物燃料的独特之处在于它能提供广泛好处，包括能源安全、能源多样性、改善空气质量、减少温室气体排放以及经济和社会优势。当务之急是从技术风险、经济竞争力、生物燃料整合的难易程度、符合可持续性发展要求的原料供应、创新融资、可行的商业模式和相关的可持续性风险等多方面考虑，确保并推进生物燃料方案的更广泛部署。应对这些挑战还有更多的方法，包括：创造促进生物燃料使用的有利生态，推广新兴/先进的生物燃料技术，发展可行的商业模式和创新融资工具，加快能力建设和提升基础设施水平。

案例 4-6　印度生物天然气（BioCNG）项目

印度每年进口约 2,500 万吨液化天然气（LNG），以满足其 2020—2021 年期间每年 4,580 万吨的需求量（进口量是 LNG 总需求量的 50%以上）。印度石油和天然气部（MoPNG）计划，2024 年将实现 5,000 家工厂年产 1,500 万吨生物天然气的目标（约占 LNG 需求量的 32%），预计投资约 240 亿美元（175,000 亿印度卢比），会提供 75,000 个绿色就业机会。

生物天然气的包销合同、石油和天然气营销公司（OGMC）投资大型项目的意愿，以及政策性财政激励措施等，都会促进印度生物天然气市场的发展。然而，利用有竞争力的成本来调动投资才是行业发展的关键。根据市场现状和参与度，通过和利益方磋商，印度设计了一个叫作“投资者驱动”的新的商业模式。作为印度政府的知识伙伴，全球绿色增长研究所与印度最大的 OGMC 合作，促进多个绿地生物天然气项目的实施。根据生物质资源映射法的研究，他们确定 8 个地点进行可行性评估，并利用不同的废物流建立 4 个生物天然气项目。这些项目将成为印度发放及拓展生物天然气市场的典范。

印度生物天然气项目的投资者驱动式商业模式（IDBM）：

投资者驱动的商业模式，是指投资者（即项目业主）投资股权并持有项目的模式。项目业主通过竞争性招标选择一个有能力的技术供应商，其中一个关键的资格要求是银行对投资者的股权提供等值担保，直到投资的股权回收期。而技术供应商负责工厂的开发、安装、运营和维护（交钥匙工程），并与生物质供应商签署长期协议确保生物质的供应。技术供应商应根据对投资者承诺的最低投资回收期及其后使投资者增收的收入占比来确定入围名单。商业模式的详细结构见图 4-12。

1 2021 年可再生能源全球现状报告（REN 21）. https://www.ren21.net/wp-content/uploads/2019/05/GSR2021_Full_ Report.pdf.

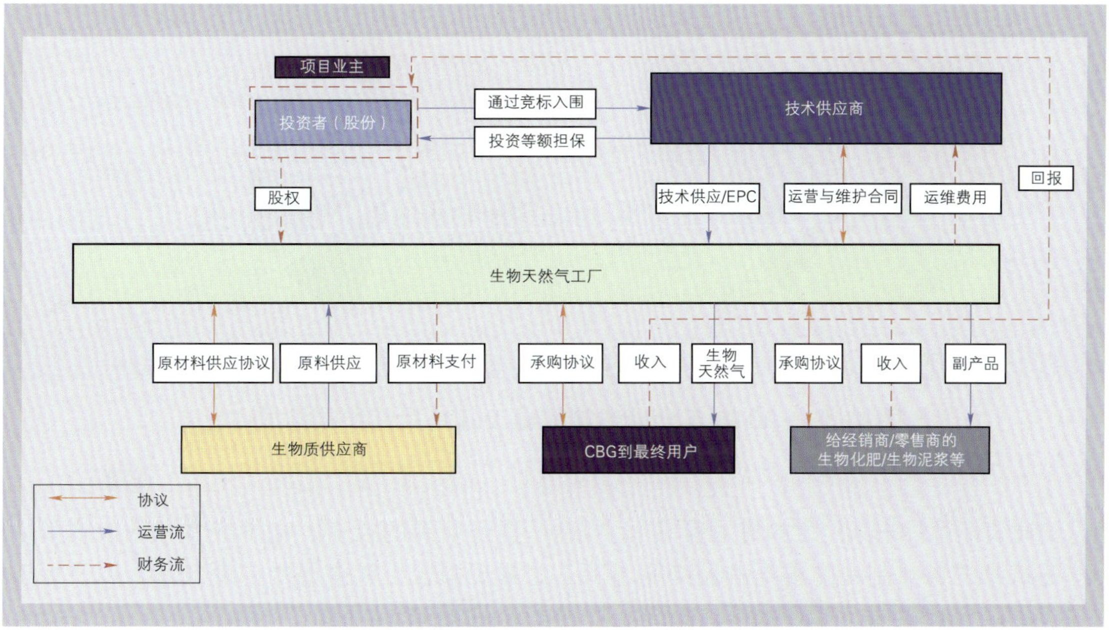

图 4–12　印度生物天然气项目商业模式

IDBM 必须通过降低风险感知、建立生物质可持续供应模式、开发技术知识等创建一套服务生态系统。系统建设完成，并且对生物天然气项目有了充分的了解之后，就可以免除对投资者股权的银行担保等要求。

4.6　建筑环境中的能源效率

2018 年，建筑的施工运营在全球最终能源使用和能源有关的二氧化碳排放中均占最大份额，2018 年全球最终能源消费总量（TFEC）估计为 378 艾焦。

根据国际能源署[1]的数据，2018 年，建筑施工和运营在全球最终能源使用（36%）和能源相关的碳排放（39%）中都占比最高（见图 4–13）。建筑业排放中 70% 属于间接排放（主要来自发电），而直接排放仅占 30%，为 31 亿吨二氧化碳[2]。能源效率通过降低一次能源需求总量，提高满足需求的低碳能源系统的产能，降低满足需求的低碳能源系统的成本，具备改善能源强度和碳强度的潜力。

4.6.1　实现建筑节能的技术方案

净零能耗建筑（NZEB）是一个概念框架，通过提高建筑围护结构和设施的能源效率，与相邻建筑联网，使用现场可再生能源等方式，减少建筑的一次能源消耗，使其年净能耗为零或接近零[3]。净零源能耗建筑是指与其源能源含量相比，每年产生与其能耗同等能量的建筑。此外，净零能源成本建筑是指将能源效率和可再生能源战略纳入其商业模式的建筑。而净零能源排放建筑是指在建筑设计中

1　国际能源署. 2019 年全球建筑现状报告. https://iea.blob.core.windows.net/assets/3da9daf9-ef75-4a37-b3da-a09224e299dc/2019_Global_Status_Report_for_Buildings_ and_Construction.pdf.

2　2021 年可再生能源全球现状报告（REN 21）. https://www.ren21.net/wp-content/uploads/2019/05/GSR2021_Full_ Report.pdf.

3　东京大学. 零能耗建筑项目. https://www.irbnet.de/daten/iconda/CIB_DC22988.pdf.

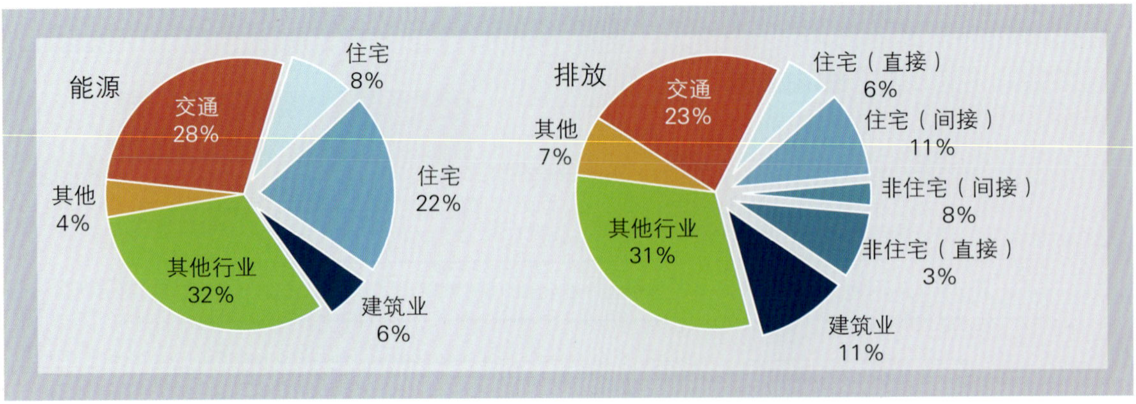

图 4-13 2018 年全球建筑和施工最终用能和碳排放占比

资料来源：国际能源署。

考虑到建筑能源需求所产生的排放量[1]。

建筑物的供热制冷需求约占最终能源消费[2]总量的 25%。根据 IPCC 的评估报告[3]，在基线情景的模式下，住宅和商业建筑的供热制冷能源需求在 2010—2050 年期间预计将分别增长 79%和 84%。由于供热与制冷用能是通过多种分布式发电生产的，难以实现低碳运营，因此需要创新技术实现供热与制冷能源的低碳转型。许多低碳技术可用于住宅和商业领域的供暖和制冷，如热泵、氢气锅炉和净零能耗建筑等，都能降低该领域的能源强度和碳强度。

4.6.2 建筑部门低碳化的挑战

建筑物中电器设备的电气化，化石燃料的替代，新节能技术的采用，以及整合可再生能源实现低碳发电，是建筑部门低碳发展的当务之急。阻碍这些方案采用的政策、财政和技术挑战包括：终端电气化和基础设施提升所需的投资，技术成本和政策框架，部署规模较小和高昂的前期成本，以及经济性资金渠道[4]。

4.6.3 提高建筑行业能源效率的建议和机会

供热与制冷领域的低碳转型需要新技术和基础设施创新；需要通过投资扩大规模；还需要对数百万个家庭和工业单位[5]进行改造。根据国际能源署《2050 年净零排放方案[6]》，尽快出台针对能效重点政策，通过增加对建筑节能改造、高效电器和其他能效措施的投资，能在 2030 年之前创造三倍的就业机会。针对建筑业实施低碳战略的具体建议如下：

（1）制定实施强制性建筑节能法，要求部署可再生能源系统，提高能源效率，确保在新建筑和旧建筑改造中使用可再生能源进行供热与制冷。

（2）制定稳健的长期政策，包括立法目标、财政激励、激励结构等，出台规定支持

1 Shehadi Maher. 净零能耗建筑原则与应用. IntechOpen. DOI: 10.5772/intechopen.92285. https://www.intechopen.com/chapters/71982.

2 2021 年可再生能源全球现状报告（REN 21）. https://www.ren21.net/wp-content/uploads/2019/05/GSR2021_Full_ Report.pdf.

3 Lucon O, et al. 2014 Buildings//气候变化 2014：缓解气候变化。对政府间气候变化委员会第三工作组第五次评估报告.

4 国际能源署. 2021 年能源效率. https://iea.blob.core.windows.net/assets/9c30109f-38a7-4a0b-b159-47f00d65e5be/EnergyEfficiency2021.pdf.

5 皇家学会. 低碳供热和制冷，气候变化：科学与解决方案. https://royalsociety.org/-/media/policy/projects/climate-change-science-solutions/climate-science-solutions-heating-cooling.pdf.

6 国际能源署. 2021 年能源效率. https://iea.blob.core.windows.net/assets/9c30109f-38a7-4a0b-b159-47f00d65e5be/EnergyEfficiency2021.pdf.

供热与制冷电气化、节能方案、可再生区域供热/制冷等。此外要建立各种机制，对化石燃料、建筑物净零排放制定更加严格的标准。

（3）为空调、冰箱、照明、电视、洗衣机和厨房家电等主要电器制定强制性的能效性能标准和能源标签。

（4）制定有针对性的建筑节能计划和方案来推广具备商业可行性的成熟技术，推出更换方案淘汰老旧低效电器。对各项目的核心环节提供财政激励，包括补助、退税、税收激励、技术的生存成本差异激励、利率补贴和贷款等。

（5）有效实施建筑节能相关的政策、项目和计划，加上适当的财政激励，能够降低风险，稳定需求。这有利于撬动投资，吸引私营资金投资能效项目，从而吸引更多合适的补充性资金。

（6）提升供热与制冷系统的技术和基础设施水平，如电暖炉、锅炉、热泵、区域供热/制冷、燃氢/可燃氢/生物天然气锅炉等。利用热泵、太阳能光伏系统和电池存储的等创新措施，为住宅和商业建筑供热供电——并将其作为净零能耗建筑的典范进行推广。

（7）促进数字驱动的能效创新商业模式——效仿离网电力的现收现付模式，为能效服务创造价值，吸引投资。[1]

（8）数字化解决方案和智能技术可以监测、测量和优化能源使用，并将可变可再生能源集成到建筑运营中。[2]

案例 4-7　中国远大活楼

建筑业是排放量最高的行业之一。根据《2020 中国建筑能耗报告》，中国建筑过程的碳排放总量为 49.3 亿吨二氧化碳，占全国碳排放总量的 51.3%。建筑过程中的能耗有四个方面：建筑材料的生产和运输，建筑施工，建筑运营，建筑拆除。

作为远大集团的主导产品，活楼展示了模块化建筑技术是如何提高建筑业能效的。活楼利用不锈钢代替传统的钢筋混凝土作为主要材料，用流水线生产和现场组装代替传统的现场施工。具体来说，99%以上的建筑构件，包括基本结构、消防设施、给排水、采暖通风、电气设备等，都可以在流水线上生产，再运送到施工现场。220 毫米保温层的外墙，通风系统中的热回收，以及外窗遮光装置的保温层，都能够实现高效节能。此外，由于采用了不锈钢材料，活楼的使用寿命可以达到 1,000 年，折旧和维修费用极低。高管潘勇告诉我们，和传统建筑相比，活楼在整个生命周期中可以节约高达 95% 的能源。

活楼的运营极其节能。根据《建筑碳排放计算标准》（GB/T 51366—2019），传统的非节能建筑每年每平方米耗能 90 千瓦时（在夏热冬冷地区），按每千瓦时能耗产生 1 千克碳排放，而一棵树每年吸收 18.3 千克碳计算，一栋 135 平方米的活楼每年会减排 11 吨，相当于种植了 600 棵树。还可以让居民节约 80% ~ 90% 的供暖水电费用。

1 国际能源署. 2021 年能源效率. https://iea.blob.core.windows.net/assets/9c30109f-38a7-4a0b-b159-47f00d65e5be/EnergyEfficiency2021.pdf

2 2021 年可再生能源全球现状报告（REN 21）. https://www.ren21.net/wp-content/uploads/2019/05/GSR2021_Full_ Report.pdf.

4.7 电动汽车

运输部门是温室气体排放[1]最大的排放部门之一，2020 年，运输部门约占燃料燃烧产生的直接碳排放的 24%，过去十年平均约占全球温室气体排放的 14%[2]。运输部门已经并将继续经历重大的技术变革，因为世界正朝着电动出行和零排放交通[3]发展。

电动汽车市场继续增长，对电动汽车的依赖性也在加强[4]。2020 年，全球道路上行驶的电动车有 1,000 多万辆，比 2019 年增加了 43%，新电动车的全球销量为 300 万辆[5]。根据彭博社的报告，预计到 2040 年，电动车销量将增加到 4,100 万辆，占新的轻型汽车销量的 35%[6]。电动车存量不断增长的背后是政府和汽车行业协会的努力。电动车的成本在高远销售目标以及政府的政策支持下有所下降。

4.7.1 电动车全球进展和预测

电动车厂商都加大努力推出各种型号的电动汽车，也坚定承诺要逐步淘汰其旗下内燃机产品（见表 4–3）。戴姆勒公司等大型制造商也表示要进行转变，公司在 2021 年上半年对电动车技术开发相关的生产资料和设备（PP&E）投资 22 亿欧元，同时设立目标，在 2039 年实现所有车辆的完全电动化[7]。其他领先的汽车制造商也在跟进，现代汽车表示其目标是到 2045 年逐步淘汰内燃机汽车，实现碳中和[8]；通用汽车到 2040 年[9]；本田到 2050 年[10]；宝马到 2050 年[11]；沃尔沃到 2040 年[12]。总之，20 个主要制造商中有 18 个已经承诺将增加电动车的生产、销售[13]。新车型已经发布，生产目标有所提高，销售目标也向前推进乃至翻倍。根据欧洲交通与环境联合会所引用的数据，欧洲有望在 2020 年推出 33 个新车型，2021 年推出 22 个，2022 年推出 30 个，2023 年推出 33 个[14]。这意味着欧盟在 2022 年会有 100 多个可用的纯电动（BEV）车型，在 2025 年将有 172 个。根据 IHS Markit 预测，到 2026 年美国 43 个品牌会提供 130 个可用车型[15]。

1 菲兰德. 全球变暖与气候变化百科全书. 1354.

2 联合国环境规划署（UNEP）. 2020 年排放差距报告. 7.

3 全球电动出行论坛. 共同推动变革.

4 Skrúcaný，等. 中欧国家实施电动出行对温室气体生产的影响.

5 国际能源署. 2021 年全球电动车展望.

6 兰德尔. 电动车将如何引发下一次石油危机.

7 戴姆勒集团. 2021 年第二季度中期报告.

8 现代汽车公司. 伟大的转变：现代汽车及其碳中和之路.

9 通用汽车. 2020 年可持续发展要点.

10 本田公司. 2021 年可持续发展报告.

11 宝马. 宝马集团 2020 年报告.

12 沃尔沃. 2020 年年度和可持续发展报告.

13 国际能源署. 2021 年全球电动车展望.

14 Eoin Bannon. 电动车激增：2019—2025 欧洲的电动车计划. 欧洲运输和环境联合会，https://www.transport environment.org/publications/electric-surge-carmakers-electric-car-plans-across-europe-2019-2025.

15 Paul Lienert. 特斯拉之外，对大多数品牌，美国未来的电动车销量微不足道：研究. 路透社，https://www.reuters.com/ article/us-autos-electric-forecast/outside-of-tesla-future-ev-sales-in-u-s-may-be-thin-for-mostbrands-study-idUSKCN1SZ20I.

表 4–3　主要汽车制造商的电动车目标[1]

目标年份	主要制造商的电动车目标
2020	特斯拉：中国工厂开始生产，初始产能为每年 50 万辆电动车 丰田/比亚迪：合资开发纯电动车 比亚迪和日野：签署战略业务联盟协议，开发商用纯电动车（BEV）
2021	宝马：欧洲市场将实现 25%的电气化，将有 100 万辆电动车在路上行驶 丰田：目标是销售 3 万辆电动车 马自达：发布首款电动车
2022	菲亚特–克莱斯勒：60%投放欧洲市场的汽车将是混合动力或全电动汽车 日产：欧洲市场 42%的销售是电动车 本田：所有欧洲主流车型都将实现电动化 福特："全球产品"组合中有 40 款电动车，将在电动车型上投资 115 亿美元
2023	宝马：将有 25 款电动车上市 通用：将实现 20 款电动车的目标 大众：电动汽车销量达到 100 万辆
2025	大众：全球 25%的销售将是电动车，每年高达 300 万辆纯电动车 丰田：电动车销售总体目标 550 万辆，年销售 50 万辆 宝马：欧洲市场的电动化率达到 33%。 通用：全球电动车销量达到 100 万辆 现代：投资 870 亿美元用于汽车电气化，在 2025 年将车型增加到 44 款 沃尔沃：电动车总销量达到 100 万辆，占其全球销量的 50%
2030	宝马：欧洲市场 50%电气化 本田：全球 2/3 的销量为电动汽车。 大众：到 2028 年，70 个新的电动车型；到 2030 年，其全球 40%的销售将是电动车。 通用：卡迪拉克将成为纯电动车

当成本不再是购买电动车的障碍时，电动车随之将成为新车买家的可选方案，有迹象明显表明：全球的电动车销售正在增长。如果只考虑汽车销售，2018 年电动车仅占全球汽车销售的 2%。但到 2030 年，全球电动车市场规模预计将从约 300 万辆增长到 2,700 万辆，复合年增长率为 21.1%。以中国为首的亚太地区的电动车销量最高[2]。

电动两轮车的销售也在增长，特别是在亚洲地区，许多品牌都推出了卓越的电动两轮车产品。由于中国和印度等国家的大量库存和销售数字，这一细分车型也成为关注重点。多项研究纷纷对电动车的长期发展做出预测。图 4–14 展示了彭博新能源财经（BNEF）、石油输出国组织（OPEC）和埃克森美孚公司 EXXON 的预测。BNEF 提出的情景最为乐观：到 2040 年电动车的数量将达到 5.48 亿辆（占道路上乘用车总量的 32%）。相比之下，埃克森美孚的预测最低，2040 年电动车数量将达到 1.62 亿辆。

1 Walton，等. 电动车——2030 年设定方向. 德勤，https://www2.deloitte.com/us/en/insights/focus/future-of-mobility/electric-vehicle-trends-2030.html.

2 电动汽车市场. https://www.marketsandmarkets.com/Market-Reports/electric-vehicle-market-209371461.html.

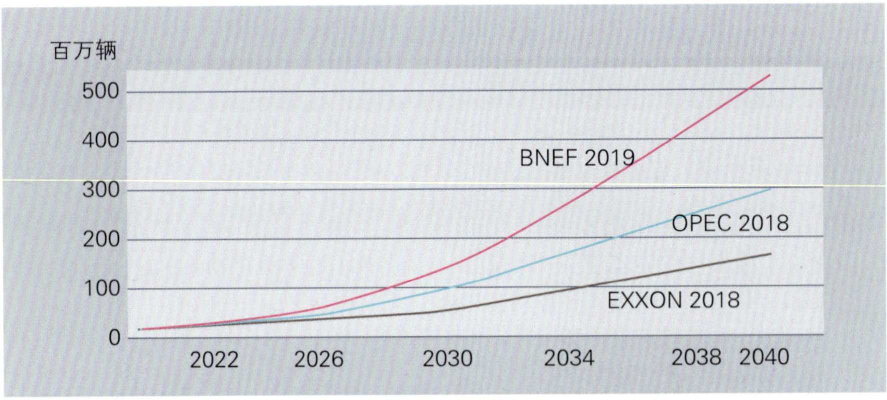

图 4–14　2022—2040 年电动汽车存量预测

4.7.2　电动车技术

电池电动车（BEV），也称为纯电动车，其电力推进系统是由一个电池和一个连接到传动轴的电机组成。电动车的电机能量由化学电池、超级电容器或燃料电池等来源提供。在电动车的牵引、储能和整体技术实现方面，各种技术百花齐放。目前，大多数商业化的电动车都使用车载化学电池作为电力来源。纯电动车也使用化学电池作为电力来源。与传统内燃机（ICE）不同，BEV 的主要组成部件包括电机（牵引源）、电池（能量源）、电池充电站和能够安全优化电池使用的电池管理系统。技术开发的三个关键领域包括：（1）电池技术，锂离子电池最适合电动车应用，电池是汽车中最大的一个成本；（2）电池充电设施，电池充电有两种主要方法，即传导式充电和感应式充电；（3）电池管理系统（BMS）。

4.7.3　部署电动车的挑战和建议

随着技术的进步，公众对电动车的态度也发生了明显的变化。通过使用轻质材料减轻车体重量，提高电池容量和减轻电池重量（电池约占电动车重量的 70%），人们对续航里程的担忧也在降低。此外，预计到 2025 年，电池将使用对钴依赖程度较低的阴极化学，提高能量密度，降低电池成本[1]。这样的技术发展会促进电动车的使用。为更好地促进电动汽车发展成为汽车领域脱碳的现实可行的方案，建议如下：

（1）建设充电基础设施。[2]

（2）充电类型差异，是电动车全球推广的挑战，这与车辆可以普遍进加油站的情况不同。

（3）加大对电动车及其电费的直接补贴。同时，通过为客户、运营商和制造商设计创新的商业模式，降低电动汽车对前期购置成本，使它在新的电动出行中扩大生产和服务规模。

（4）加大电力供给，满足因电动车数量的增加而提高的电力需求。电动车消费占比的增加，意味着对发电量的额外需求，这将为电网容量和能源安全带来挑战。根据欧洲环境署（EEA）的数据，2050 年 80% 的电动车电能消费在欧盟 28 个成员国中占总电力需求的 3% 到 25% 不等[3]。因此，也建议使用可再生能源充电设施和智能充电系统来处理峰值与非峰值电力需求。

---

1 Wentker, Marc, Matthew Greenwood, Jens Leker. 聚焦阴极活性材料对自下而上的锂离子电池成本建模方法，重点是阴极活性材料. 能源（多学科数字出版研究所），2019，12（3）：504.

2 充电设施的成本从二级充电器的 2,500 美元到美国直流快速充电器的 35,800 美元不等，这还不包括安装成本和“软成本”，如浏览许可程序、法规和与公用事业的互联。

3 欧洲环境署. 电动汽车和能源部门——对欧洲未来排放的影响. 欧洲环境署，2016. https://www.eea. europa.eu/publications/electric-vehicles-and-the-energy.

案例 4-8　促进老挝万象市快速公交（BRT）线路采用低碳公交车

全球绿色增长研究所支持老挝政府对现有的低碳技术进行比较，包括混合动力、插电式混合动力、无轨电车、中间站超快速充电公交车及电池电动公交车（BEB），从运营、技术、环境和财务上确立 BTR 绿色公交车的可行性。对于 12 米长的公交车，有商用记录的可用低碳技术包括混合动力车、插电式混合动力车、无轨电车、中间站超快速充电公交车和电池电动公交车。事实表明，混合动力和电动公交车能够降低污染，明显降低噪声。就环境影响而言，电动公交车可以减少约 40%的碳排放（由于老挝电网的碳排放系数，不是 100%），而混合动力车可以减少约 25%的碳排放。研究发现，与柴油车相比，插电式混合动力车和电池电动车在财务上是可行的，主要原因是老挝的柴油价格高而电价低，在车辆的全生命周期内可以节省大量的运营开支。

为了减少 BEB 和其他低碳方案的前期成本和资本性支出，全球绿色增长研究所推荐了一些金融机制，包括：（1）租赁模式，租赁公司购买并拥有车辆，并在一定期间将其租给公交运营商（减少资本性支出差异，并将采购转变成总体拥有成本决策，而非投资水平决策）；（2）电力公司对充电基础设施的投资；（3）国际气候融资（如绿色气候基金）。

第5章

亚洲企业的气候行动

5.1 亚洲企业的气候参与

为了避免气候变化带来的灾难性影响，企业必须成为中流砥柱，来推动全球在后《巴黎协定》时代步入净零排放的正轨。世界资源研究所的数据显示，截至2020年，致力实现净零排放的公司每年温室气体排放量超过3.5 Gt，超过了印度的年排放量。[1]然而，这些企业具备足够的规模、灵活性、资源和专业知识，可在全球追求净零排放的过程中带来突破。在COP26上，由90多家跨国公司组成的全球最大CEO联盟宣布，它们将与公共机构合作，在2030年之前每年实现超过1 Gt的温室气体减排。亚洲拥有多个全球规模最大的经济体和制造商。2020年，与气候变化相关财务信息披露工作组（TCFD）相关的气候报告显示，亚太地区是增长最快的地区，企业增长了20%。气候变化正在重塑商业思维，逐渐将可持续发展作为全球企业决策和日常运营的任务

5.1.1 承诺和目标设定

近年来，企业纷纷提出各类气候承诺，并采用减少绝对排放量或者降低碳强度等不同指标，来衡量二氧化碳或者更大范围的温室气体减排，有的企业甚至将上下游排放纳入考量范围。只有以气候科学为基础、有明确时间框架和透明进度跟踪的目标才能被认为是清晰的和可操作的气候目标。到2021年末，共有440家亚洲企业加入科学碳目标倡议（SBTi），占全球企业数量的20%。该倡议旨在依据《巴黎协定》构建减排目标并设定框架。尽管亚洲数据在所有地区中排名第二（见图5-1），与亚洲对全球经济的贡献相比，这一数据仍然偏低。

至于公司承诺的清晰度和透明度，共有98家亚洲企业承诺实现净零排放，约占所有加入科学碳目标倡议企业的四分之一，其中37家制定了2030年前需要实现的中期目标（见图5-2）。亚洲承诺实现净零排放和设定目标的企业的比例都低于全球平均水平：全球加入SBTi的企业中有32.1%承诺实现净零排放，而亚洲企业这一数据为22.3%；其中全球有12.6%的企业设定了中期目标，而亚洲为8.4%。因此，虽然存在几家亚洲企业在应对气候变化方面采取重要行动，但是更多的企业在制定基于科学的气候目标方面还没有走上正轨。

1 加速净零排放：探索城市、地区、公司对脱碳的承诺. 数据驱动的EnviroLab和NewClimate研究所，2020.

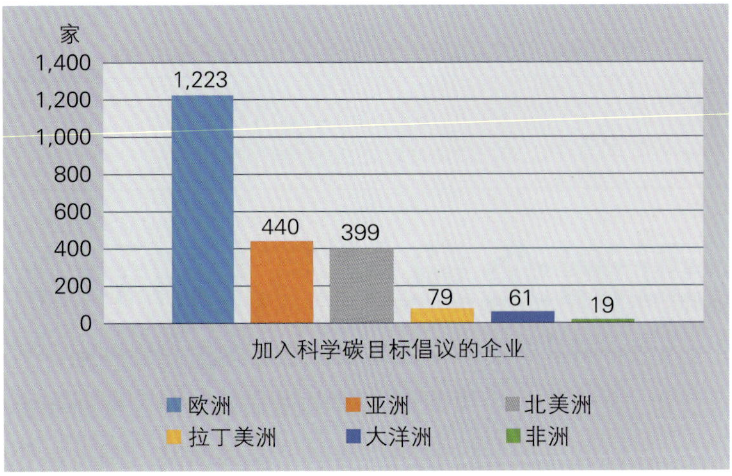

图 5-1　各地区加入科学碳目标倡议的企业数量

资料来源：科学碳目标倡议组织。

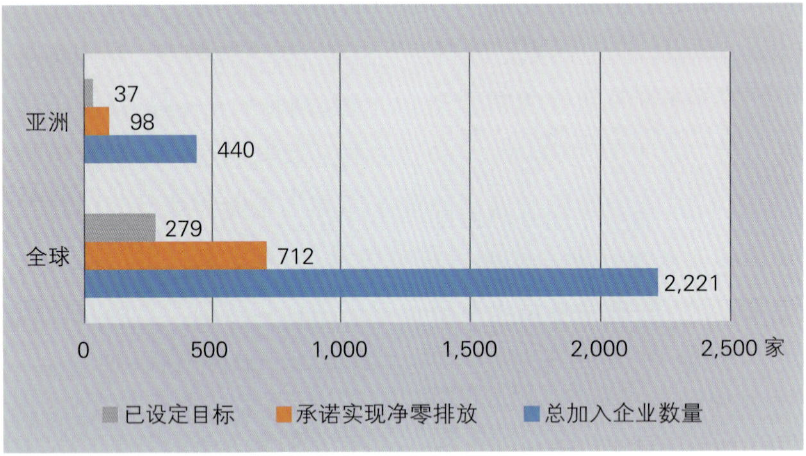

图 5-2　依据《巴黎协定》目标提出气候承诺的企业数量

资料来源：科学碳目标倡议组织。

在加入 SBTi 倡议的 40 多个行业中，参与企业数量前十的行业分属于消费品、制造业和服务业。在 37 家同时具有中期和长期气候目标的亚洲公司中，食品和饮料、技术硬件和设备、制药、专业服务和软件与服务行业占据了最大的份额(见图 5-3)。在这 37 家企业中，有 22 家来自日本，其他企业总部分别设在中国、印度、斯里兰卡和新加坡。亚洲的消费和服务行业与世界充分接轨，正在积极应对日益增长的消费需求带来的气候压力。除消费和服务行业之外，德勤 2021 年全球 CEO 气候行动调查显示，在生命科学和医疗保健行业中有 81%的企业都关注气候问题，其中亚洲制药公司正在雄心勃勃地设定透明的气候目标。

5.1.2　总体行动

除了雄心勃勃的气候承诺外，亚洲企业一直在为实现净零排放而采取行动。在全球范围内，追踪气候参与进展的公司有 2,124 家，其中 849 家位于亚洲，占比近 40%。在企业采取的所有重点行动中，减缓气候变化的行动在世界和亚洲都占主导地位(见图 5-4)，几乎每 10 家致力于气候变化行动的公司中就有 8 家将减缓气候变化列为重点；大约四分之一的企业在气候融资方面付出了更多的努力；但没有企业把重点放在气候适应上。亚洲公司在每个重点行动领域的比例都略低于全球平均水平。

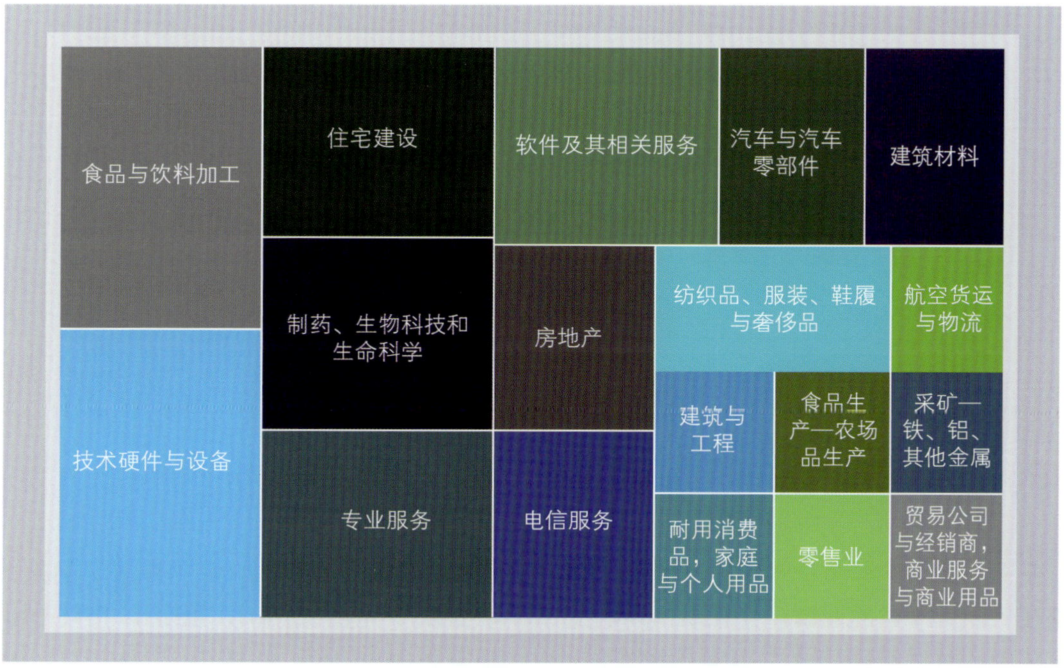

图 5-3　亚洲企业气候承诺行业分布

资料来源：科学碳目标倡议组织。

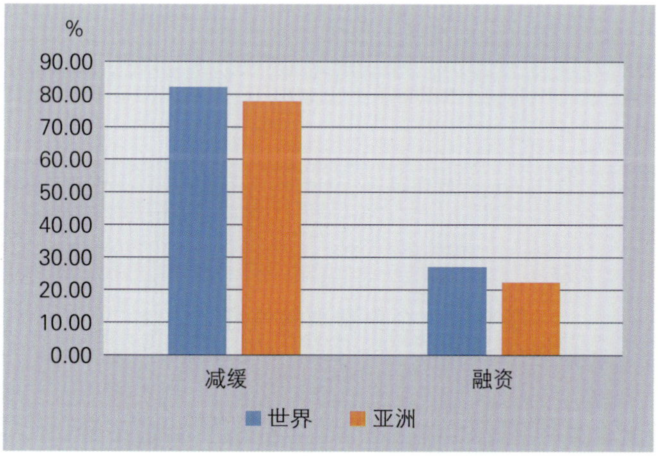

图 5-4　企业重点气候行动领域

资料来源：联合国气候变化框架公约。

企业气候战略包含了关键的行动领域，这些主题因企业而异。在《联合国气候变化框架公约》选定的七个主题领域中，能源、工业和交通运输是企业最关注的三个领域（见图 5-5）。但提出明确气候行动要点的亚洲企业要少得多，其中，在亚洲企业最重视的能源也只有 20%左右，其他六个行动领域不到 10%。

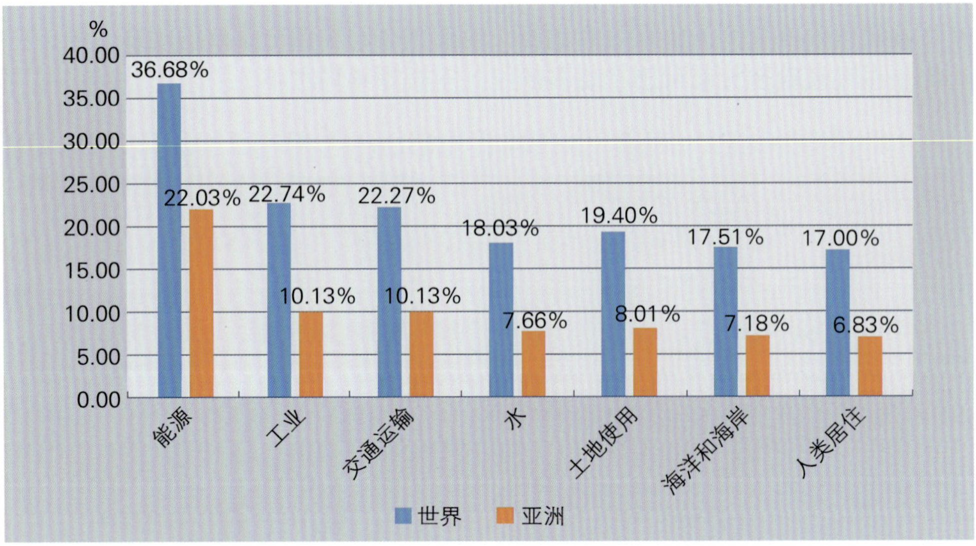

图 5-5　企业气候行动主题

资料来源：联合国气候变化框架公约。

亚洲企业在参与全球气候行动倡议方面也存在代表性不足的问题。在采取行动的亚洲企业中，有近 80% 在努力缓解气候变化，但只有略高于 20% 的企业签署了相关的全球倡议（见图 5-6），而全球平均水平为 38%。

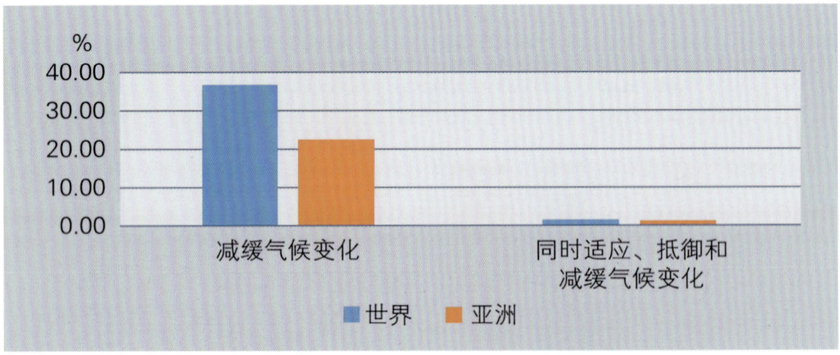

图 5-6　企业参与气候行动倡议

资料来源：联合国气候变化框架公约。

总的来说，在采取气候行动的全球企业中，亚洲企业占了很大一部分，约 40%。其中大多数亚洲企业关注的是减缓气候变化，而不是气候融资或适应气候变化。然而，具体气候行动战略的缺乏和全球平台参与的不足可能导致亚洲企业在全球气候行动展示中的代表性不足。

5.1.2.1　可再生能源

企业最可追溯的气候行动之一是将能源供应转向可再生能源。RE100 是一项旨在 100% 使用可再生能源的全球倡议，在亚太地区实现了其最大的年度增长。2021 年 62% 的新成员来自这一地区。截至 2021 年底，105 家亚洲企业占 RE100 成员总数的近 30%

（见图 5-7）。

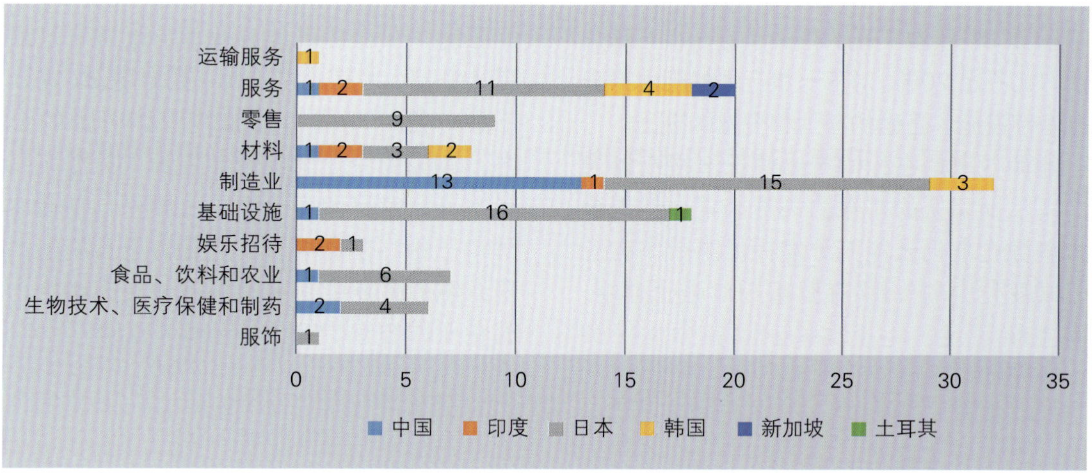

图 5-7　亚洲 RE100 成员企业国别和行业类别

资料来源：RE100。

制造业、服务业和基础设施行业在亚洲可再生能源转型道路上处于领先地位，而这些行业的企业总部大多位于日本、中国和韩国。尽管一些行业在充分利用可再生能源方面面临重大困难，如交通运输方面，但亚洲的能源转型仍需要更多来自不同国家和行业的企业继续努力。用可再生的替代能源，而不是单纯依靠企业设施节能，正变得越来越流行。在全球范围内，使用电力购买协议（PPA）的公司在 2021 年增加到 28%，而 2020 年这一数字为 26%。例如，印度信息通信技术公司 Infosys 安装了 60 兆瓦的太阳能光伏，并通过 PPA 采购绿色能源作为补充。

根据 RE100 的数据，日本和韩国作为其成员数量增长最快的经济体，是企业最常提到的在可再生电力资源方面存在政策障碍的市场。相关基础设施的发展不足也阻碍了位于这些国家的企业更广泛地采用清洁能源。随着大型经济体宣布撤出海外化石燃料投资，预计亚洲欠发达国家的可再生能源供应将受到刺激。因此，最近亚洲的可再生能源企业显著增长，采购方式也更加灵活，但进展仍然滞后。其中，政策和基础设施是企业能源转型的两大障碍。

能源企业是实现可再生能源转型的核心。亚洲的能源企业主要通过引入新能源和技术创新来减少化石燃料消耗。中国石化目前的氢气产量占中国氢气总产量的 14%，并计划在 2025 年前建成 1,000 座加氢站。沙特阿美采用循环碳经济框架来减少其碳足迹，用低碳能源替代化石燃料，捕获相关流程排放的二氧化碳，并将其用于生产化肥或水泥，从而实现二氧化碳的回收[1]。

5.1.2.2　电气化和能源效率

在部分行业中，业务排放是主要的温室气体来源。电气化可以帮助制造业等行业更好地管理其碳足迹，并改善能源表现。2020 年，全球企业对电动汽车的投入增加了一倍，部署了近 17 万辆电动汽车，安装了 2,100 个充电点。印度 Flipkart 公司已经建成了世界上数量最多的 1,400 个充电站，日本和中国的企业在一年内增加了 300 多个充电站。然而，尽管电力和公用事业、制造、信息通信

1　循环碳经济，Aramco。

技术、服务等行业的亚洲公司都在努力实现电气化，但行动较为缓慢：只有 20 家公司制定了到 2030 年要实现的相关目标，在全球总量中占比不足 20%。对下一步行动的担忧来自充电基础设施、正确的车型和资本的缺乏。

能源效率是在相同产出情况下提高能源生产率从而降低的排放的关键因素。然而全球大多数企业仍未能充分发挥能源效率在应对气候变化中的作用：在财富 500 强企业中，只有 13% 设定了能源效率目标，其中 127 家企业加入了 EP100 倡议。尽管前期成本、政策激励、可用技术和能源数据方面存在顾虑，但亚洲企业在提高能源效率方面采取了最大胆的举措，尤其是制造业：在全球 32 家致力于在一定时间内将能源效率翻一番的企业中，50% 的企业总部设在亚洲（见图 5–8），其中 11 家是印度公司，主要来自制造业和材料行业；在全球 18 家致力于实施能源管理系统的企业中有 8 家亚洲企业，其中，中国企业占 6 家。

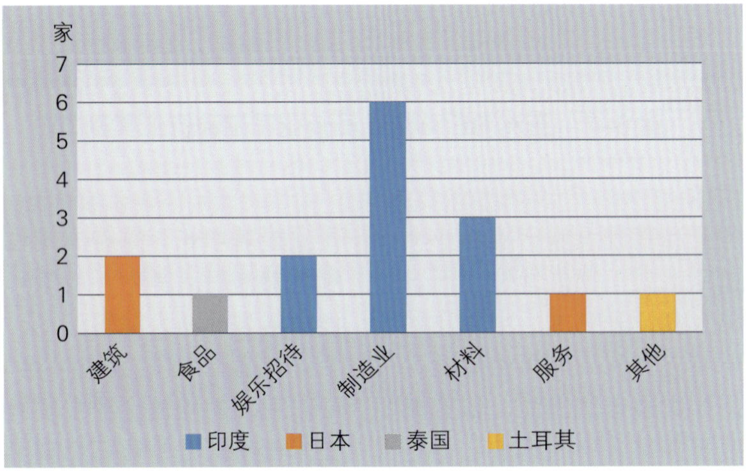

图 5–8　承诺将能源效率提高一倍的亚洲企业数量

资料来源：财富 500 强。

5.1.2.3　价值链

与全球平均水平相比，对气候敏感的亚洲企业在应对范围 1 和应对范围 2 的排放方面取得了较大的进展，而在应对范围 3 的排放方面的行动却比较迟缓（见图 5–9）。价值链脱碳涉及所有地区的企业。衡量价值链排放的复杂性，供应商和终端用户无法获得可再生能源，或无法与合作伙伴实现有效的协同效应等，都可能使企业偏离净零排放。

尽管价值链脱碳面临挑战，但越来越多的企业正在鼓励供应商和合作伙伴满足特定的环境标准，近一半的企业倾向于使用可持续材料。在建筑和房地产行业，建筑材料中隐含的碳占全球排放的近 11%。印度的 Tech Mahindra 加入了中小企业气候中心，该中心动员供应链上的中小企业采取并扩大应对气候变化的可衡量行动。在大型建筑公司数量全球之最的中国，万科牵头启动了行业绿色供应链行动，即根据环境表现筛选供应商。像索尼和三星这样的电子公司则专注于生态设计和电子垃圾回收。总体而言，价值链脱碳仍然是企业净零排放面临的最大挑战。越来越多的公司已经将可持续性纳入其产品和运营的生命周期。

5.1.2.4　驱动者

金融和信息通信技术行业被认为是整个经济绿色转型的推动者。金融行业本身的排放相对较低，一些银行已经通过碳抵销和设

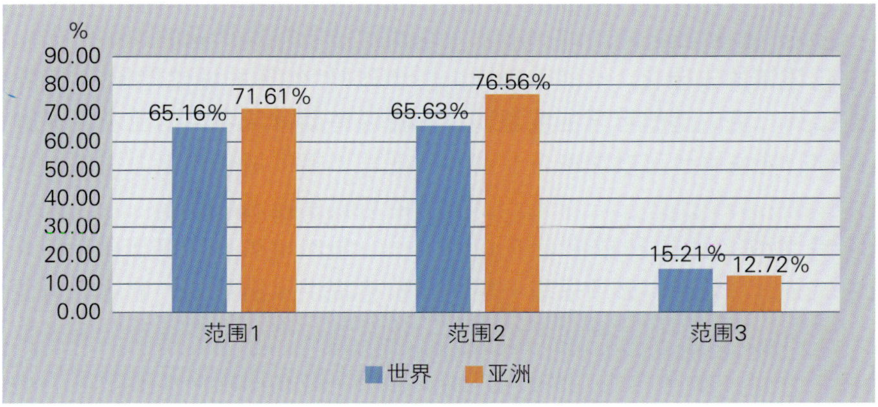

图 5-9　企业气候行动排放范围

资料来源：联合国气候变化框架公约。

施改造实现了运营碳中性。亚洲金融机构加大了投资组合绿色化的力度，以加快逐步淘汰碳强度高的资产，推动绿色发展。中国工商银行持有的绿色信贷余额超过 3,400 亿美元，占全国绿色贷款总量的 13.5%。新加坡星展银行（DBS Bank）发布了首部针对银行的《可持续发展和转型融资框架与分类法》，成为新加坡首个提供转型融资的银行。[1] 40 家金融机构签署了《“一带一路”绿色投资原则》，旗下资产管理规模总额超 49 万亿美元，包括中国的大型商业银行和金融机构、阿联酋 Al Hilal 银行（Al Hilal Bank）、第一阿布扎比银行（the First Abu Dhabi Bank）、哈萨克斯坦阿斯塔纳国际交易所（Astana International Exchange in Kazakhstan）、泰国曼谷银行（Bangkok Bank）、新加坡星展银行等。[2]

信息通信技术行业在电力、建筑、交通和制造等其他行业的碳排放方面具有多重驱动效应。据全球电子可持续发展协会（GeSI）称，到 2030 年，数字化有可能减少 20% 的排放。LG u+在韩国提供智能家居解决方案，打造更舒适、更节能的住宅。腾讯提出了“AI for FEW（食品、能源和水）”倡议，借助人工智能技术为环境保护赋能。除了亚洲蓬勃发展的绿色融资和数字赋能在支持绿色转型外，金融和信息通信技术行业在气候变化方面的贡献未能被持续和可靠地进行衡量，这可能是充分排除这两个部门在促进区域可持续性和韧性方面的障碍。

5.2　建议

（1）鼓励更多的企业采取行动。目前，只有少数亚洲企业做出了清晰和负责任的气候承诺，但应该鼓励更多行业中的企业制定基于科学的净零排放路线图，让更多公司参与气候变化的有效响应。

（2）利用国际平台和讲好全球故事来重塑企业气候战略，可以提高亚洲企业在可持续发展问题上的代表性，从而提高企业声誉。

（3）制定政策激励、发展基础设施、提供更多的可再生能源替代品，可以加速企业向可再生能源转型。

（4）提升企业对能源效率的重视程度。在效率管理方面，建立一个政策、市场和技

1 https://www.dbs.com/iwov-resources/images/investors/annual-report/dbs-annual-report-2020.pdf?pid=sg-group-pweb-investors-pdf-2020-stronger-together.

2 绿色投资倡议 2021 年年报。

术成熟的有利生态系统，可以更好地引导亚洲企业进行积极的气候转型。

（5）加快价值链的去碳化。价值链碳排放核算和报告工具、更广泛的可再生能源获取渠道以及跨部门协作平台可以加速企业的净零进程。

（6）充分释放绿色融资和数字化在应对气候变化中的潜力，为此，必须采取一套始终如一和负责任的方法，以加强这两个积极因素的有效性。

5.3 案例

除了自身的减排，亚洲企业还提供创新技术和商业模式，并与政府和公众开展合作，来推动温室气体实现指数级减排。以下六个案例涉及应对气候变化的三大领域：能源转型、可持续供应链和绿色城市。

5.3.1 能源转型

无论在哪个国家或地区，清洁能源转型都是实现净零排放的关键。商业创新可以提升转型速度和效率。亚洲能源行业格局颇具多样性，因此，亚洲企业采取的措施可以为拥有不同资源并准备实现脱碳的同行提供极其丰富的经验。印度尼西亚和中国能源领域提供的解决方案，展示了企业如何与生态圈内伙伴合作创造协同效应，运用政策和市场工具加快清洁能源转型进程。

5.3.1.1 释放印度尼西亚的地热潜能

2016 年，印度尼西亚签署《巴黎协定》，并承诺减少温室气体排放。尽管印度尼西亚政府承诺到 2030 年达到排放峰值，到 2060 年实现净零排放，但印度尼西亚的能源供应仍然严重依赖化石燃料。[1]据估计，到 2025 年，可再生能源约占印度尼西亚总能源结构的 23%，到 2030 年占 28%，地热发电将成为印度尼西亚能源转型的核心要素。印度尼西亚位于地震活跃的太平洋火山环上，拥有全球约 40% 的地热储量。[2]开发巨大的地热资源将助推印度尼西亚满足家庭、工业和商业领域持续增长的电力需求，并实现其远大的可再生能源目标。

虽然地热可以以与煤炭和天然气相当的价格提供清洁可靠的能源，但面临融资、法律限制和产业生态圈缺陷等多重挑战，印度尼西亚开发商难以充分利用地热的潜能。印度尼西亚国有地热开发商 PT Geo Dipa Energi（GDE）开展的地热项目就是一个极富价值的案例。对该案例进行分析主要是要研究当地能源公司如何从全球开发机构获得资金，以及如何借力政府改革提高地热发电量，同时尽量减少新钻井对环境的影响。

（1）解决方案

地热项目在勘探阶段可能属于风险投资。这是因为前期成本较高，潜在储量的规模、能量和持续时间均不确定。地热项目所需的平均融资成本约为每兆瓦 300 万美元，而天然气和煤炭分别为每兆瓦 60 万美元和 100 万美元。[3]地热存在的高度不确定性会带来持续性风险，即如果开发地热储量在经济上不足以弥补成本，开发商则可能无法收回投资。因此，此类项目在最初就很难吸引到必要的融资。2020 年 5 月，GDE 成功获得亚洲开发银行提供的 3 亿美元贷款，用于爪哇两座地热发电厂的建设和调试，GDE 的发电量从而提高了 110 兆瓦。[4]对于 GDE 而言，获得此类贷款或将助其改变市场格局。在这种情况下，亚洲开发银行承担了许多投资者不愿承担的初始风险，但提升了 GDE 地热项目的市场吸引力。[5]

印度尼西亚的地热勘探发展此前受到该

1 印度尼西亚：气候透明度报告. 气候透明度，2020.

2 亚洲开发银行，世界银行. 释放印度尼西亚的地热潜力. 2015.

3 印度尼西亚地热开采概述. 印度尼西亚全球商业指南，2012.

4 亚洲开发银行. 亚行批准 3 亿美元贷款增加印度尼西亚地热发电. 2020.

5 亚洲开发银行. 开发印度尼西亚的地热发电潜力. 2018.

国《林业法》的制约，该法明令禁止在受保护的森林中进行采矿和勘探。而 2014 年实施的《地热法》不再将地热相关活动归类为采矿，并允许 GDE 等开发商在获得政府批准后，前往曾受保护的林区勘探。然而，地热开发对环境以及生物多样性的影响相当大。为了最大限度地减少此类项目对生物多样性的影响，GDE 在进行必要的相关调查之外，还对关键栖息地的生物多样性影响展开评估，监测了当前生态系统类型和动植物生物多样性状况等因素。在亚洲开发银行的支持下，GDE 随后实施了生物多样性行动计划，包括采取措施确保最大程度减少森林砍伐，在林区外获取建筑材料，避免新物种入侵项目区域，保障灵长类动物的新道路上设有足够的连接树冠，而且噪声水平符合规定的标准。[1]这些措施的实施将助力企业更好地利用印度尼西亚巨大的地热储量，同时保护该国丰富的生物多样性。

除了维持爪哇项目的经济效益外，GDE 还与印度尼西亚国家电力公司 Perusahaan Listrik Negara（PLN）就爪哇的两个地热站签署购电协议。根据购电协议，每兆瓦电力将按 250 万印尼卢比定价，而卖给印度尼西亚国家电力公司的电价为每千瓦时 8.2 分。[2]这种商业模式有效保障了印度尼西亚国家电力公司对可再生能源电力的购买，并推动 GDE 进一步提高地热发电能力。

（2）积极影响

2018 年初，印度尼西亚超越菲律宾，以 1.93 吉瓦的发电能力成为全球第二大地热能源生产国。这相当于利用了印度尼西亚总量约 17.5 吉瓦地热储量的 11%，远高于 2014 年《地热法》实施前的 4%。[3]到 2020 年，这一数字增加到 2.13 吉瓦，相当于印度尼西亚地热储量的 12%（见图 5-10）。

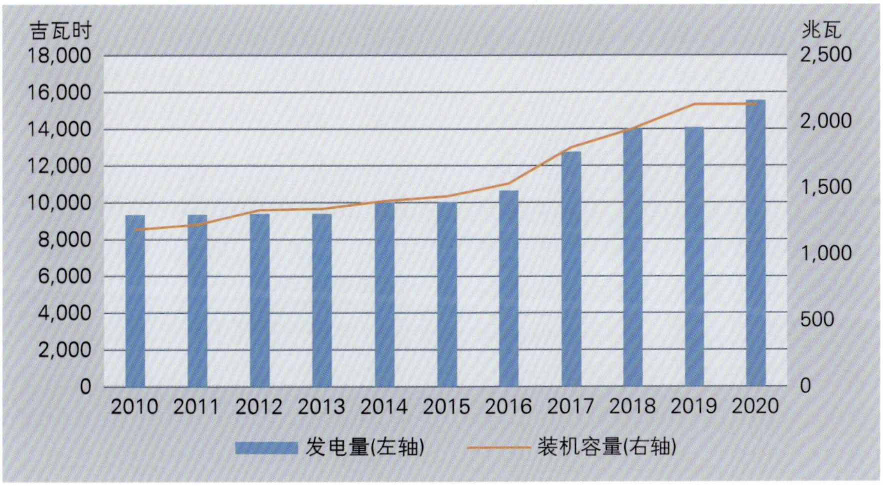

图 5-10　2010—2020 年印度尼西亚的地热能产出

资料来源：国际能源署、国际可再生能源机构。

GDE 借助融资工具，最大限度地减少环境影响，并探索长远商业模式，从而顺利运营印度尼西亚最大的两个地热项目。GDE 的地热发电厂建成并运行后，将为爪哇—巴厘岛电网提供绿色电力，每年可减少二氧化碳排放约 70 万吨。[4]

1 环境监测报告. PT Geo Dipa Energi，2021.

2 GDE 开始建设印度尼西亚 Dieng 2 和 Patuha 2 地热发电厂. 地能思考，2019.

3 印度尼西亚已成为世界第二大地热能生产国. 印度尼西亚投资，2018.

4 亚洲开发银行. 亚行批准 3 亿美元贷款增加印尼地热发电. 2020.

5.3.1.2　中国青海省的共享储能机制

丰富的风能和太阳能等可再生能源，以及开发这些能源的技术能力的不断增强，让人产生一种无碳能源供应唾手可得的错觉。然而，太阳能和风能无法得到充分的利用不完全是地理的制约，还包括发电的间歇性和随机性以及给国家电网造成的压力。

青海省地处中国西北高原，是中国可再生能源的发电大省。得益于安装成本的下降和强有力的政策激励支持，青海省的风能和太阳能装机在过去五年中发展迅猛。截至 2020 年底，青海省的可再生能源发电总容量为 24.5 吉瓦，拥有中国最高的省级可再生能源装机率。[1]然而，随着青海省清洁电力供应的日益增长，由于供需失衡导致电力不能完全被电网吸收，弃风和弃光率也在不断攀升。可再生能源的性质使其不能响应即时需求，而输送成本又使其无法实现远距离大规模用电。为了更好地管理青海省的可再生能源资源，提升绿色电力的普及率，利益相关方希望利用市场驱动方式弥补这一缺陷。

（1）解决方案

青海省很早就为储能应用奠定了基础。自 2010 年以来，青海省政府已落实举措推进储能技术和产业链发展，并将其作为总体可再生能源发展战略的支柱。[2]储能技术被视为一项有效的问题解决方案，利用过剩的可再生能源电力为电池充电，并在需要时为用户提供电力，可以最大限度地将可再生能源融入电力系统中。过去青海省的储能与电力来源挂钩，尤其是太阳能光伏发电厂，但是没有与国家电网等更广泛的电力系统直接连接。对于中小型发电厂来说，购买储能设备的前期成本较高，而储能效率又相对较低，缺乏吸引力，难以实现商业化。

共享储能的概念最初由中国国家电网公司提出，并在 2019 年青海省电力辅助服务市场的有利政策环境下得到了有效验证。基于共享储能机制，储能电站（无论是否与电力系统机构连接）能够独立调度电力并与其他用户进行交易。作为平台，电网可以整合系统内的储能资源和储能需求，打破电力来源、负载和存储之间的传输和信息壁垒。新的模式为包括储能服务投资者和运营商在内企业进军可再生储能市场铺平了道路。2019 年，鲁能集团在青海省海西蒙古族藏族自治州开展的 100 兆瓦时共享储能示范项目正式投入运营，该项目采用中国厂商宁德时代新能源科技股份有限公司的电化学电池，将太阳能光伏、风能和集中式光伏等不同可再生能源整合到电网中。[3]

2020 年，上海电气在青海省格尔木市推出了第一个完全商业化的共享储能电站，由上海电气的子公司格尔木美满科技有限公司提供储能服务。国家电网还搭建了由区块链支持的调度和交易平台，连通共享储能电站与相邻电厂。共享储能系统主要有两种工作方式。第一，储能运营商和发电厂两大实体可通过招标或谈判签订双边协议进行独家服务，协议涉及定价、容量和时间安排。截至 2021 年 2 月，357 个可再生能源发电厂在青海省储能辅助市场成功达成双边储能服务协议，并已于 2019 年正式启动。通过这种方式电网额外吸收了 5,030 万千瓦时的可再生能源电力。2021 年初，共享储能运营商格尔木美满科技有限公司与格尔木一家可再生能源发电公司签署了国内第一笔期限超过十个月的中期双边储能交易协议。[4]第二，为了充分发挥储能电站的作用，国家电网采用“对闲置电站充放电进行集中调度”的运行方式，减轻电力系统的压力。这一方式减轻了可再生能源发电过程中负载端及电网端面临的间

1　青海新能源装机占比超六成. 中国政府网（www.gov.cn).

2　青海省“十二五”新能源产业发展规划. 青海省“十三五”能源发展规划. 青海工业经济信息网.

3　宁德时代助力国内最大发电侧电化学储能电站正式投运. 美通社，PR-Newswire (prnasia.com).

4　我省完成国内首次储能中长期交易. 政务公开（qinghai.gov.cn).

歇性、波动性压力，为上层电力系统弹性整合最大可再生发电量增加灵活性。共享储能模式（见图 5-11）自 2019 年起开始试点，同年青海省储能电站利用率提高 5%，达到 85%。额外的可再生能源电力由电力系统调控，随后送达终端用户，避免了近 1.4 万吨二氧化碳的排放。[1]

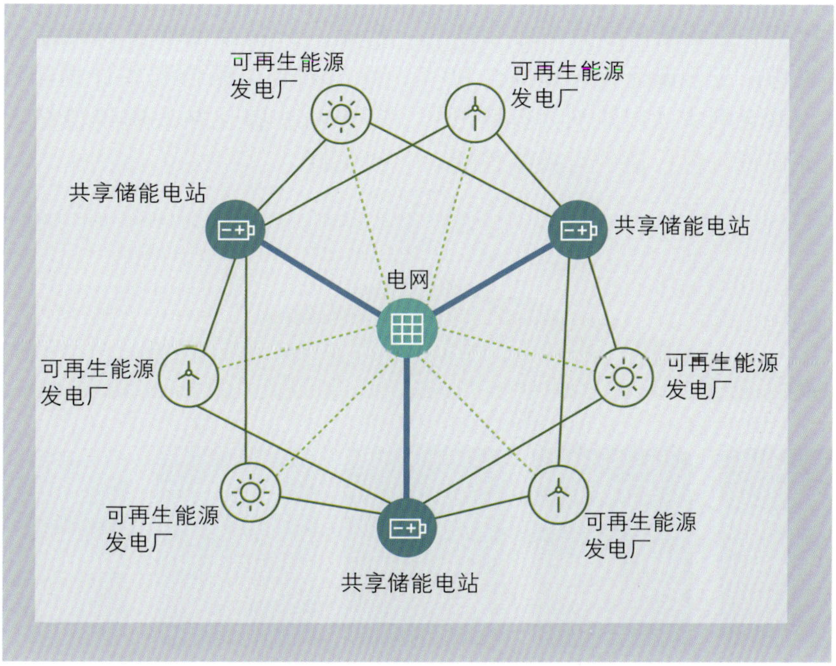

图 5-11　共享储能运营模式

（2）积极影响

共享储能模式确实是一种切实可行的商业模式，能够助力解决可再生能源发电厂和用户间的供需缺口以及个体实体建设储能电站存在的低效率问题。由于采用了共享模式，储能电站的利用率得以提升，从而大幅增强了储能服务供应商的盈利能力，同时也吸引了包括储能投资者及储能企业在内的新参与者出现。共享储能模式的商业化，为可再生能源市场规模化应用储能电站奠定基础。2021 年，借鉴青海省的实践，中国共有 30 余个储能电站项目正式启动。[2]

原本由个体企业分散建设的储能电站，现在由国家电网运营商协调，建立起更加系统化的调控模式，这对电力系统由化石燃料转向更加绿色方式发电至关重要。共享储能系统进一步提高了电网的新能源综合管理能力，通过这一模式，电力系统向终端用户传输绿色电力的能力进一步提升。加之各地区可再生能源电力的普及，共享储能模式将为城市等储能电站建设空间不足的地区带来更大弹性。

5.3.2　可持续的供应链

运营场所之外的排放通常是企业总环境足迹的必要组成部分。消费品和医药企业便是两个典型例子。联合利华、武田制药两家跨国企业在亚洲乃至全球多地均有经营活动，通过对二者的研究发现，采购更加可持续的材料并与供应商建立体系化的合作关系，对企业实现气候积极效益十分关键。两家企业实施多种战略，如应用前沿绿色科技、

1 共享储能让储能利用率提升约 5%、商业价值初显. 北极星储能网 (bjx.com.cn).

2 33 个项目正在备案！共享储能开启储能盈利新模式. 国际能源网能源资讯中心 (in-en.com).

与第三方实体合作等，为相关行业如何建立和管理供应链提供了有益借鉴。

5.3.2.1　**消费品：联合利华**

作为全球最大的消费品公司之一，联合利华有着庞大的供应链体系，向数以千计的供应商购买原材料，最终制作成为 400 余款日用商品向外出售。[1]亚洲毫无疑问是联合利华最大的市场，联合利华为以亚洲为目标市场的跨国企业如何提升供应链的可持续性提供了宝贵洞见。联合利华在亚洲实施的重要倡议多数围绕可持续采购、新技术应用和可再生能源转型展开（见图 5-12）。就其自身经营而言，联合利华还完成了五大洲内所有工厂、办公场所、研发机构、数据中心、仓库、分销中心向可再生能源的 100%转型。[2]如今，联合利华计划实现供应链其余部分的去碳化并改善价值链上所有从业者的生计。

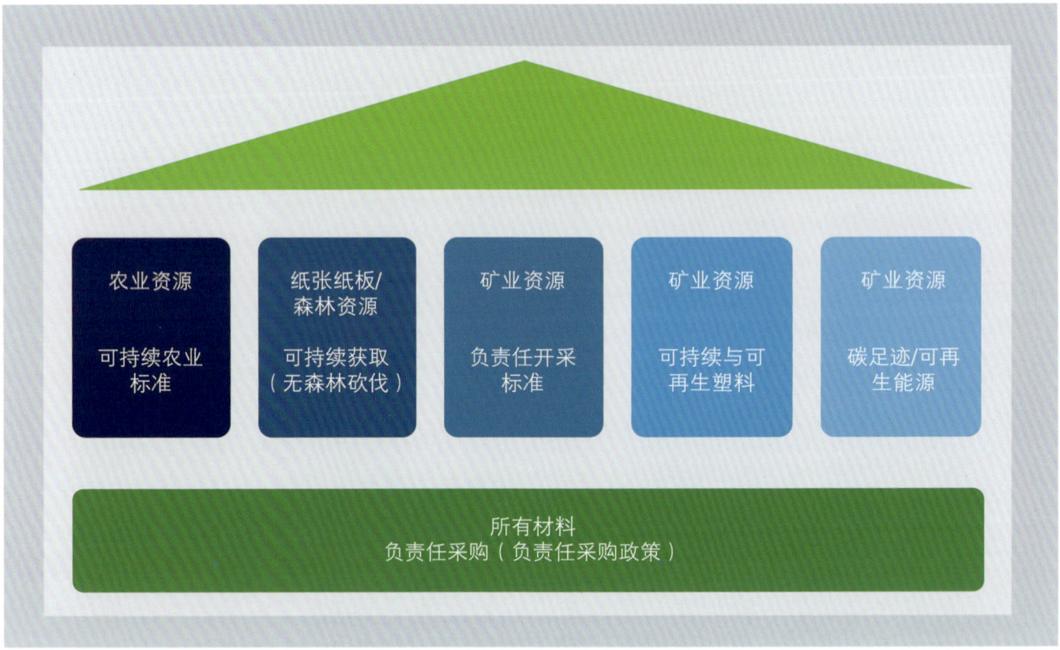

图 5-12　联合利华采购框架图

资料来源：联合利华。

（1）解决方案

2017 年，联合利华发布《负责任采购政策》，对所有供应商在管理其环境足迹和改善工人生计方面提出了强制性要求。[3]但早在此政策发布之前，联合利华在亚洲的不少办公室便已开始实施自己的责任供应链制度。以菲律宾为例，作为“菲律宾可持续农业伙伴关系”的私营机构代表，联合利华与非政府组织、农民团体、政府机构和其他可持续农业行业伙伴建立合作关系。联合利华还为小农场主提供支持，包括作物保护、农场管理技术及最佳实践等方面的专业知识、技术、信贷与融资获取渠道等。其中，椰子种植行业受到特别关注。由于菲律宾是全球第二大椰子产出国，联合利华认识到椰子种植的可持续性对于该国的经济发展至关重要。[4]此外在印度，联合

1 联合利华. 联合利华初探.
2 联合利华. 联合利华在五大洲实现 100%可再生电力. 2019.
3 联合利华. 联合利华负责任采购政策. 2017.
4 联合利华. 联合利华负责任采购政策. 2017.

利华致力于提升小农户的饮食及营养，尤其关注女性健康，因为她们常常选择出售而非自己享用最好的作物。

由于排放处于较高水平，联合利华一直都在寻求方法降低生产原材料的环境足迹。通过在新产品的研发过程中应用碳捕获、利用与封存技术，通过创新技术的应用，联合利华正在实现这一目标。近几个月来，联合利华在亚洲的工厂率先开发出一类洗衣凝珠产品，这是全球首个使用重工业捕获的碳而非化石燃料生产的洗衣凝珠。联合利华与碳捕获、利用与封存技术企业合作，捕获北京首钢工厂的碳排放后转化为环氧乙烷，转化后的材料被作为表面活性剂的关键成分送往联合利华位于中国合肥的工厂生产奥妙洗衣凝珠。相比传统依赖化石燃料的生产方法，该过程产生的碳排放量减少了 82%，同时对质量和成本不产生影响。[1]

联合利华还运用先进技术解决森林砍伐问题，目前森林砍伐约占全球碳排放的 15%。棕榈油的开采是森林砍伐的主要原因，但在印度尼西亚等开采大国，棕榈油开采行业主要以小农户为主，因此消费品公司很难全面掌握其供应链情况。作为解决森林砍伐问题计划的一部分，联合利华通过与卫星技术公司合作，利用地理定位数据，深度识别印度尼西亚棕榈油供应链中每个参与者的情况，并了解其对环境造成的潜在影响，如土地使用方面的变化。上述数据将纳入联合利华的采购决策过程，确保棕榈油供应链能够最大限度地减少印度尼西亚等地的森林砍伐度。[2]

（2）积极影响

全球范围内，联合利华的 4.8 万家供应商产生的范围 3 排放占其全部温室气体排放的 95%以上。为了在 2039 年达成价值链全链净零排放的目标，联合利华坚守可持续供应链标准，与外部伙伴合作，并借助创新技术发掘更多可持续解决方案。此外，从长远来看，联合利华对可持续发展的重视实际上有利于联合利华实现盈利能力最大化的业务需求。联合利华产品组合中增长最快的产品，是那些以气候目标为导向的品牌，这些品牌透露出强烈的环保或社会信息，而且企业宣称这一目标对产品功能或价格不产生影响。[3]

5.3.2.2　医药行业：武田制药

对于医药行业而言，供应链通常是其温室气体排放的最大来源。原材料购买、上游运输及分销、包装等经营活动可能导致大量污染物排放，而医药公司对此可能并无控制权。企业应如何管理供应商的环境足迹、在生产中使用较为环保的材料、减少有害物质处理时对环境的污染，可能是医药行业面临的几大问题，企业须与其供应链一道，降低范围 3 排放。

武田制药是一家总部位于日本的大型跨国企业。旗下工厂和分公司遍布亚洲，在多地拥有供应商网络。武田制药直接经营与能源利用产生的排放逐年降低，2016 年至 2019 年间的范围 2 排放减少 31%。到 2019 年，范围 1、范围 2 排放仅占其温室气体总排放的 13%，但范围 3 排放却增长了 2%，年碳排放量接近 400 万吨。由此，武田制药开始系统建设绿色供应链（见图 5–13）。

（1）解决方案

由于武田制药近 90%的排放并非来自物理范围，加之制定了在 2040 年前将范围 3 排放减少 50%的目标，与相关方建立合作对其十分重要。2020 年，武田制药通过实施可持续发展试点，举办可持续发展研讨会，与头部 35 家占据武田制药大部分的范围 3 排放的供应商积极协作。同年，163 家供应商

1 联合利华. 联合利华推出首款使用重工业捕获碳的洗衣凝珠. 2021.

2 “地面真相”的时刻：联合利华试用 Orbital 技术以提高棕榈油和大豆的透明度. 美食导航，2020.

3 联合利华. 业务脱碳.

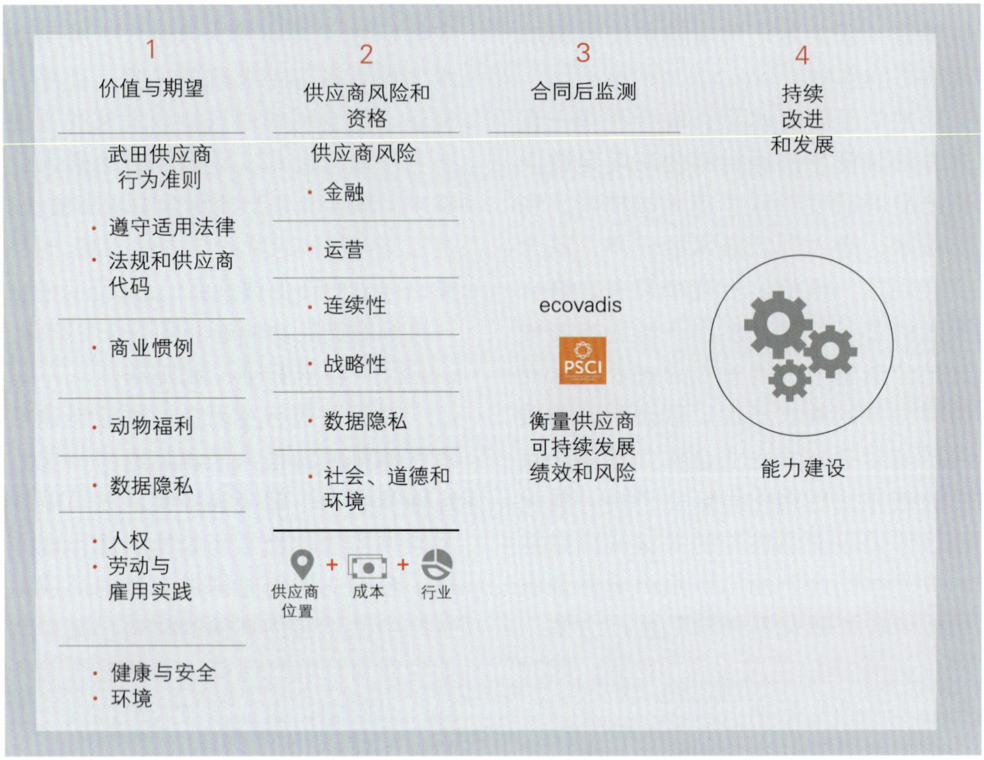

图 5–13　武田制药道德采购与供应商风险管理

资料来源：武田制药。

参加武田制药 2020 年合作伙伴价值峰会，就使用可再生能源和减少范围 3 排放所带来的挑战展开讨论。[1]此外还发布了确保供应商可持续绩效符合武田制药企业价值观的四步法。

第一，与生态系统合作伙伴建立合作，如制药工业负责的供应链管理（PSCI）、制药行业环境组织（PEG）（二者均是由业内前沿企业组成的行业平台），发布武田制药供应商行为守则，涉及遵从法律、环境、健康与安全、动物福利、数据隐私等多个方面。

第二，为评估与企业行为守则相关的潜在风险，筛选符合要求的供应商，将进行严格的供应商尽职调查。

第三，对于合同后监测，武田制药参考在线供应链企业社会责任 CSR 评级公司 EcoVadis 的数据，来监测供应商的关键绩效指标。若显示供应商未遵守行为守则或 EcoVadis 分数较低，武田制药将委派第三方审计公司对该供应商进行现场评估。现场评估将为供应商提出修正行动方案，武田制药将对后期进展进行定期审核。

第四，举办可持续发展工作坊和网络研讨会等能力提升的活动，确保供应商遵守武田制药的可持续发展要求。

武田制药承诺，到 2024 年，整条价值链上三分之二的供应商将设立科学目标。截至 2020 年，武田制药旗下四分之一的供应商已设立相应目标。[2]

此外，武田制药严密监测其产品从研发和产品设计，到生产、使用和废弃的全生命周期各个环节对环境产生的影响。武田制药

1 供应链（takeda.com）.
2 武田制药 2021 年气候变化，CDP.

将人血白蛋白（一种多功能医疗产品）原本的玻璃包装替换成使用具有环境可持续性的塑料材料。与玻璃包装相比，使用这种新包装材料生产七个容器，将能减少相当于 11 升汽油的二氧化碳排放量。新包装在废弃过程中也更加环保，相比玻璃包装，同样大小的包装仅多九分之一重量，但焚烧时不会产生有害残留物。

对跨国公司而言，物流与商务差旅对碳足迹有相当大的影响。武田制药的物流与商务差旅碳排放占到其 2019 年温室气体总排放量的 10%。通过重新评估其物流安排过程，武田制药正在寻求对其货品运输的彻底调整。在部分地区，武田制药将运输方式改为船运与火车运输，以避免航空运输的高排放。武田制药还将区域内分输渠道进行整合，提高货车和海运集装箱的使用效率。其还特别增加冷链物流投资，开发新的可重复使用的被动式物流，以减少浪费。此外，武田药品与达美航空就可持续航空燃料达成协议，以应对武田制药的商务差旅排放。可持续航空燃料，即使用可持续原料生产的燃料，相较传统燃料，能够大幅减少生命周期碳排放，

武田制药积极通过碳抵消来推进其碳中和目标的达成。2019 年，武田制药宣布，通过内部可持续行动，以及购买可再生能源证书、经过验证的碳补偿，其已达成碳中和目标。武田制药支持的项目有日本的可持续森林管理项目、中国偏远地区安装太阳能炉灶的项目以及印度增加太阳能使用减少化石燃料的项目。

（2）积极影响

武田制药为多地经营的跨国企业在全价值链实现可持续目标展现了良好的综合范本。它将供应商管理与企业气候目标保持一致的系统框架，包括标准设立、持续监测与改进、合作伙伴参与、能力提升等。在从基本的供应商管理到建立碳中和供应链的过程中，将解决温室气体的最大排放来源放在首位，才是企业的净零碳排放的明确方向。

5.3.3　绿色城市

城市化进程将数以百万计的人口迁入城市，使得城市成为温室气体排放的最大来源之一。不论工业化和人口结构如何，一个城市的脱碳潜力往往是通过建设可持续基础设施、回收废弃物和向居民推广绿色生活方式来释放的。川崎市和北京市的实例为企业如何助力当地的循环经济的发展和绿色城市的公民参与提供了综合视角。

5.3.3.1　川崎市循环经济

在“二战”后日本快速工业化期间，川崎是日本经济崛起的中心支柱。但随着钢铁、水泥、石化和化工厂开始沿着城市的滨水区拔地而起，空气和水污染水平飙升。特别是由于大规模工业化，安全、持续地处置固体垃圾成为城市规划者面临的紧迫挑战。周边工厂排放的垃圾大多含有大量二氧化硫，由于垃圾处理设施不足，这些二氧化硫直接排放到大气中。日本有限的土地面积和川崎市快速进行的城市化和工业化也意味着市政府难以保证提供足够的垃圾填埋空间，最终于 1990 年进入“垃圾管理紧急状态”。[1]随着时间的推移，川崎市空余的垃圾填埋场空间越来越少，该市迫切需要重新研究出新的垃圾管理方法。

（1）解决方案

作为亚洲首批将自己打造为生态城镇并直面固体垃圾处理挑战的城市之一，川崎市开发了城市固体垃圾管理系统（MSWM），该系统借助城市和工业中心的紧密联系，建立起当地公民、企业和制造商之间的共生关系。[2]政府实施了鼓励材料回收和再利用的政策。除此之外，当地公司也采取措施，重构其商业模式，应用新技术减少工业垃圾，促

1　川崎市政府. 日本在废物管理政策方面的经验：日本的国家政策和川崎市的努力. 2016.

2　联合国区域发展中心. 生态城镇在推进 3R 和循环经济中的作用：国际案例和经验. 2020.

进垃圾的再利用。自此，川崎市在固体垃圾管理领域跻身世界领先地位。

制定生态城镇计划后不久，川崎市政府迅速着手创建以循环为导向的社会，着力减少浪费，增加当地工业资源循环利用。对于防水纸和热敏纸等原本难以回收的资源，企业与政府通力合作，寻求合理的处理方式。[1]处理这类纸张需要大量的水，对企业来说成本较高。借助市政府提供的深度处理污水，企业能够成功回收水资源，用于造纸处理。2006 年，川崎市的几个地区开始回收废纸，然后扩大到整个城市。在川崎市零排放工业园，以废纸为原料，Corelax San–Ei 每天可以生产 130 万卷卫生纸。Corelax 也可以处理其他难以回收的纸张，如印刷和层压纸、磁力列车票以及混合了塑料和订书钉的废纸。Corelax 现在是世界上首个实现碳中和的纸张回收企业。[2]

在实施生态城镇计划的第一阶段，不同行业的公司开始合作，建立公司间工业垃圾和副产品的循环，将这些垃圾和副产品作为原材料进行再利用，生产新产品。这种管理形式能够覆盖整个供应链和社会各阶层，其独特之处在于将现有材料与本地工厂的生产过程联系起来。例如，DC Co.，Ltd.是一家水泥制造商，使用城市污水污泥和建筑工地土壤代替黏土和石灰石等传统材料。城市污水污泥和建筑工地土壤不再被送往填埋场，因此不会产生二次垃圾。制钢与工程公司 JFE 集团也致力将塑料转化为高炉的原材料，塑料使用寿命到期后，可回收用于炼铁。此外，化工产品制造商昭和电工（Showa Denko K.K.）目前也在使用减压废塑料作为生产氨的原料，生产的氨可供市政府和其他企业使用。[3]

在创建生态城镇的过程中，川崎市希望凭借现有的技术和积累的经验来支持城市环境倡议，并将城市发展为低碳社会。通过建立污染监测中心和研究机构减轻工厂污染。随着企业加大投资，寻求减轻污染的方法，川崎市和日本作为一个整体开始开发开创性的环境技术。未来，川崎市的相关创新将涉及制造工艺改进、节能、清洁燃料转型、气体和废水有害物质去除设备的研发等多个方面。采用新回收技术的工厂在生态城镇集中发展，助力川崎市建设城市固体垃圾管理系统，使得大部分城市废物得以被回收再利用。

（2）积极影响

有赖于上述举措的实施，川崎市年垃圾焚烧量从 2007 年的 45 万吨减少到 2016 年的 36.6 万吨（见图 5–14），使用的焚烧设施也从四个减至三个。尽管该市人口持续增长，但其在减少和再利用废物方面所做的努力将其剩余垃圾填埋场的使用寿命从 2028 年延长至 2056 年，这对减少碳排放可以直接产生影响。一项研究显示，自 2009 年，在水泥制造过程中重复利用工业和城市垃圾，已使川崎市的排放减少了约 15%，每年约 4.13 万吨，同时节约了 27.2 万吨的原材料消耗。[4]川崎市的 3R 解决方案——减少、再利用、再循环（Reduce，Reuse，Recycle）与循环经济的发展原则高度类似。[5]生态城镇和城市固体垃圾管理系统已获世界认可，且川崎市循环经济发展过程中显现新的治理和商业模式，也具备在其他城市规模化发展的潜力。

5.3.3.2　北京市低碳交通与个人碳信用

道路运输产生的温室气体排放逐年增加，在私家车保有量持续增长的国家尤为如此。中国国内约 10% 的温室气体排放来自交

1　川崎市环境局. 川崎生态小镇. 2009.

2　联合国区域发展中心. 生态城镇在推进 3R 和循环经济中的作用：国际案例和经验. 2020.

3　联合国环境规划署. 日本的工业废物经验：快速工业化国家的教训. 2013.

4　伦敦大学学院可持续资源研究所. 如何实现循环经济全球化. 2019.

5　世界经济论坛. 从线性到循环——加速一个经过验证的概念. 2013.

图 5-14　2007—2016 年川崎市的垃圾处理

资料来源：川崎市环境局。

通部门，且乘用车和商用车的销售保持相对稳定增长。2021 年，北京市轿车数量超过 600 万辆，多于上海、成都和重庆等大城市。[1]为减少温室气体排放，北京市持续施策，如关闭市内高污染工厂，以及冬季使用天然气为家庭供暖等。但就这一方面而言，低碳交通系统是北京市绿色转型的关键因素。尽管已发布严格的城市道路交通量规定、电动汽车激励政策，交通部门产生的排放仍占排放总量的三分之一。[2]

（1）解决方案

不同通勤方式的碳强度是按照每千米运送万人所产生的碳排放量来计算的。私家车碳排放最高，温室气体排放量为 2.15 吨，而地铁、公交车排放量分别为 0.3 吨和 0.5 吨。由于北京市人口基数大、私家车拥有率较高，市民的通勤偏好对城市道路交通排放有重要影响。2017 年，北京环境交易所，即北京市碳排放权电子交易平台开始试点，并发起一项名为“我自愿每周再少开一天车”的倡议，鼓励私家车车主乘坐公共交通工具、骑自行车或步行代替开车出行。通过携手北京市碳排放权电子交易平台，因公民参与而减少的排放量被出售给企业，同时参与车主可获现金回报。截至 2019 年年中，共有 14 万人签署该倡议，每日减排 50 吨，共计 3.5 万吨。[3]

为进一步扩大绿色通勤计划，2020 年 6 月，北京环境交易所联合微众银行、北京绿普惠网络科技有限公司发布“绿色出行普惠”平台。该平台利用物联网、大数据、区块链和个人碳足迹核算方法，帮助环境敏感公民建立自己的碳账户，计算个人可持续行为减少的排放量，包括以公交车代替驾车出行，来向个人发放碳信用。碳信用额度可以通过北京环境交易所兑换成现金，也可以作为优惠券在线购买绿色汽车保险。

自绿色通勤平台上线，2020 年 9 月，北京市交通委员会、北京市生态环境局和两家在线导航公司高德地图和百度地图推出北京交通绿色出行一体化服务平台（MaaS）（见图 5-15），以完善绿色通勤激励机制。市民使用百度地图或高德地图导航时，若选择更

1 3.90 亿辆、4.76 亿人！公安部发布最新全国机动车和驾驶人数据. 中国政府网.

2 在北京这样的特大城市，交通领域如何实现“双碳”目标？新浪新闻.

3 Natural Resources Defense Council. Case Studies on Projects Developed by Governments and Enterprises to Promote Individual Low-carbon Consumption Behaviors in China. 2021.

加可持续的通勤方式，可积累碳信用。根据北京市生态环境局发布的《北京市低碳出行碳减排方法学》，步行 1 千米、乘坐 5 站公交车、骑自行车 1.5 千米产生的碳信用分别为 0.3 千克、2.5 千克、0.4 千克。1 千克碳信用的货币价值为 0.06 元人民币，可以通过北京市碳排放权电子交易平台进行兑换。[1] 2021 年 9 月，高德地图将 Maas 平台产生的 1.5 万吨碳信用额度卖给一家建筑公司，完成该平台的第一次碳信用交易。[2]

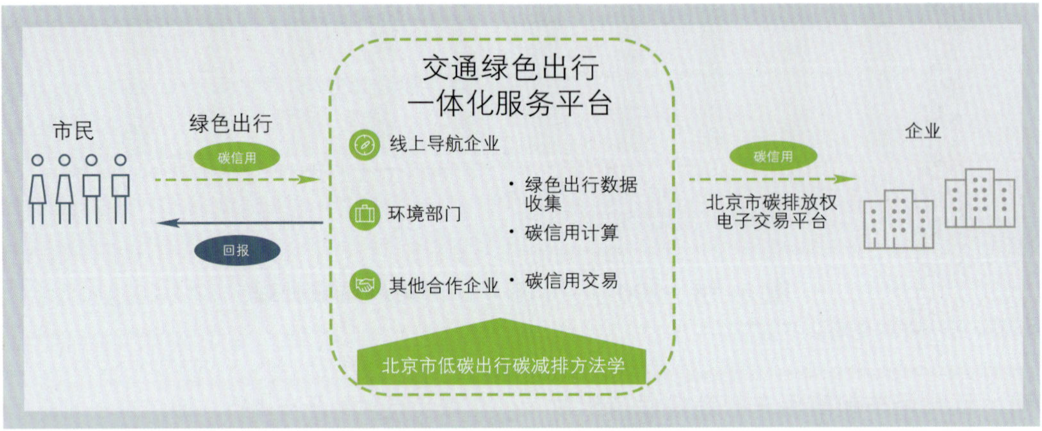

图 5–15 北京交通绿色出行一体化服务平台（MaaS）

资料来源：德勤研究。

（2）积极影响

自北京交通绿色出行一体化服务平台上线以来，已有 1,440 多万人加入，减少碳排放量 4.6 万吨。不断优化的在线平台和与企业的深入合作为市民提供了更便捷的访问方式，大大加速各项绿色通勤举措的推进。创建个人碳账户，通过碳信用机制激励公民绿色行为的模式已在中国多个城市实施，成都、深圳和广州纷纷启动了本地个人碳信用计划。

1 中华人民共和国交通运输部. 北京首创碳普惠激励模式 绿色出行奖励多.
2 北京绿色出行碳普惠活动首笔 1.5 万吨碳交易达成意向. 网易订阅 (163.com).